HEYNE BÜCHER

W0387632

HEYNE KOCHBÜCHER

Von Ilse Froidl
sind als Heyne-Taschenbücher erschienen

Böhmische Spezialitäten · Band 07/4016
Das Wild-Kochbuch · Band 07/4019
Garten-Grill · Band 07/4028
Das Gemüse-Kochbuch · Band 07/4030
Rezeptbuch für Kleingebäck · Band 07/4042
Salate über Salate · Band 07/4057
Kuchen und Torten · Band 07/4071
Vegetarische Küche · Band 07/4080
Rohkostgerichte · Band 07/4097
Brot selbstgebacken · Band 07/4114
Knödel und Klöße selbstgemacht · Band 07/4143
Das neue Fischkochbuch · Band 07/4271
Internationales Brotbackbuch · Band 07/4410
Fische · Band 07/4444
Köstliche Desserts · Band 07/4476

Ilse Froidl

DAS MIKROWELLEN KOCHBUCH

Über 200 köstliche Rezepte
für zeit- und energiesparendes Kochen
mit vielen Tips für
alle Geräte

(Überarbeitete Neuauflage)

WILHELM HEYNE VERLAG
MÜNCHEN

HEYNE KOCH- UND GETRÄNKEBÜCHER
Nr. 07/4419

7. Auflage

Umschlagbilder: Fotostudio Teubner, Füssen
Umschlaggestaltung: Atelier Ingrid Schütz, München
Printed in Germany 1988
Satz: Schaber, Wels
Druck und Bindung: Ebner Ulm
ISBN 3-453-40403-3

INHALT

Abkürzungen und Erläuterungen:

EL = Eßlöffel
TL = Teelöffel
Msp = Messerspitze

Alle Rezepte sind, wenn nicht anders angegeben, für 4 Personen berechnet.

Einleitung

Es ist unumstritten, daß Kochen von jeher eine Kunst war und immer noch ist. Seit der Mikrowellenherd den Einzug in die privaten Haushalte gehalten hat, bieten sich wieder neue Möglichkeiten, das zu beweisen. Wer das schnelle und saubere Arbeiten mit der Mikrowelle erkannt hat, wird den Mikrowellenherd sicherlich nicht mehr entbehren wollen. Man kann ihn als echte Küchenhilfe bezeichnen, die Tag und Nacht bereit ist, Zeit und Energie spart und nur bei Stromausfall versagt.
Unseren vertrauten, traditionellen Küchenherd kann und soll ein Mikrowellenherd nicht ersetzen. Vor großen Mengen und bei speziellen Braten- und Backkünsten altbewährter Art muß der Mikrowellenherd passen. Dafür kann er viel Neues:

für das Baby, während es gewickelt wird, das Fläschchen oder den Brei in etwa 1–1½ Minuten auf die richtige Temperatur erwärmen;

für das Kleinkind, das noch nicht bei Tisch ißt, im Handumdrehen das Essen zubereiten oder erwärmen;

für Schulkinder, die zu unregelmäßigen Zeiten nach Hause kommen, die vollständige Mahlzeit erhitzen;

für Berufstätige – schnell ein warmes Getränk oder ein kleiner Imbiß zum Erholen;

für das Wochenende – kein stundenlanges Kochen und Stehen in der Küche mehr;

für die Diätküche – auf Fett kann verzichtet werden;

für unerwartete Gäste – in Minuten steht ein Fertiggericht aus dem Gefriergerät auf dem Tisch;

für Alleinstehende – lohnt sich die Zubereitung kleinster Portionen;

für Zwischenmahlzeiten – besonders wenn ein Kranker zu versorgen ist;

für das Auftauen aus dem Gefriergerät;

für das Erhalten der Vitamine, Mineral- und Geschmacksstoffe und das appetitliche Aussehen der fertigen Speisen;

für Reste – kein Zerkochen mehr; nur auf dem Eßteller ohne Fett- oder Flüssigkeitszugabe in Sekunden erhitzen.

Um all diese Vorteile beim Kochen mit der Mikrowelle ausnützen zu können, ist es unbedingt erforderlich, die einleitenden Kapitel dieses Buches genauestens zu lesen, um sich mit der neuen Kochart vertraut zu machen. Sie verlangt einiges Umdenken im Kochbereich.
Die Garmethode der verschiedenen Mikrowellenherde beruht auf dem gleichen Prinzip. Doch jede Herstellungsfirma hat ihren Herd mit Besonderheiten ausgerüstet. Da gibt es Herde mit spezieller Auftauautomatik, Bräunungshilfen, einem Drehteller, Grill oder Speisethermometer und anderem Bedienungskomfort. Für welches Gerät man sich beim Kauf entscheidet – der Anschaffungspreis dürfte meist ausschlaggebend sein –, wichtig ist es, die Gebrauchsanweisung gründlich zu lesen.
Zu beachten ist: die *Mikrowellenleistung* – sie ist entscheidend für die Auftau- und Garzeiten; also je größer die Leistung, desto kürzer die Zubereitungszeit.
Die Regel heißt: »Je *100* Watt Leistungsunterschied etwa 10 % Zeitunterschied.« Ruhen lassen oder Nachgaren heißt Temperaturausgleich. Für den Nachgarprozeß rechnet man allgemein 10 % von der Garzeit. Die Speisen speichern in sich noch Hitze.

Die Rezepte in diesem Buch sind allgemein gehalten, jedes ist ausprobiert und kann mit kleinen Zeitabweichungen in jedem Mikrowellenherd zubereitet werden.
Weil das Kochen im Mikrowellenherd echte Freude macht, wird man bald mit ihm gut umgehen können und selber neue Rezepte, nach eigenem Geschmack oder Bedarf, erfinden. Dazu wünsche ich besten Erfolg!

Allgemeines

Der Mikrowellenherd im Haushalt

Das kastenförmige Gerät, der Mikrowellenherd, braucht einen stabilen Platz, weil er ziemlich schwer ist und etwa so groß wie ein kleiner Fernsehapparat. Er soll nicht unmittelbar in der Nähe von Herd und Heizung aufgestellt werden. Er soll »gut belüftet« stehen.
Für den Anschluß braucht er eine mit 16 Ampere abgesicherte Steckdose. Das ist alles.
Der Garraum eines Mikrowellenherdes hat eine festschließende Spezialglastüre, durch die man den Garvorgang beobachten kann. Der Innenraum hat eine Beleuchtung, die glatten Innenwände sind aus Edelstahl, teilweise mit Kunststoffböden und lackierter Oberfläche ausgestattet.
Beim Kauf des Mikrowellenherdes ist unbedingt darauf zu achten, daß das Gerät vom VDE geprüft worden ist.
Ein Mikrowellenherd arbeitet nur, wenn die Türe geschlossen ist. Wenn während des Garprozesses die Türe geöffnet wird – was öfters bei der Zubereitung einer Speise nötig ist – schaltet sich das Magnetron automatisch ab und erst dann wieder ein, wenn es neue Stromzufuhr erhält, also beim Schließen der Türe.
Mikrowellen sind keine jonisierenden Wellen – im Gegensatz zu den Röntgenstrahlen –, sie können demnach keine Molekularbindungen zerstören. Die Frequenz der Mikrowellen, d. h. ihre Schwingungen pro Sekunde, ähnelt den Radio- und Fernsehwellen. Weil die Post für die Zuteilung der Frequenzen zuständig ist, liegt jedem neuen Gerät eine

Anmeldekarte bei, die bei der zuständigen Poststelle abzugeben ist. Die Anmeldung ist gebührenfrei.
Einige Informationen für ein sicheres Arbeiten mit der Mikrowelle: Niemals versuchen, einen geöffneten Mikrowellenherd mit Gewalt in Betrieb zu setzen!
Der Herdtürverschluß muß in Ordnung sein! Nichts dazwischenklemmen!
Nicht einschalten, wenn keine Speise im Garraum steht!
Den Herd und besonders die Dichtungsoberflächen von Schmutz und Reinigungsmittelrückständen freihalten!
Nach jedem Gebrauch den Herd auswischen!
Zeigen sich an Ihrem Herd irgendwelche Schäden, den Herd nicht mehr in Betrieb setzen und sofort Ihren Kundendienst verständigen!

Der Kochvorgang im Mikrowellenherd

Bei allen traditionellen Herden kennen wir den Kochvorgang einer Speise so, daß die Wärmeleitung von der Kochstelle aus über den Topfboden zu den Speisen gelangt und diese gart. Im Backofen erwärmt sich erst die Luft und die heiße Luft dringt durch die Back- oder Kochformen in die Speisen ein und gart diese. Das alles ist für uns selbstverständlich. Anders jedoch garen die Mikrowellen. Hier heißt es umdenken.
Die Mikrowellen – unsichtbare Wellen – dringen tief in das Lebensmittel ein und bringen die darin enthaltenen Wassermoleküle mit unvorstellbarer Geschwindigkeit in Bewegung. Durch diese Bewegung entstehen Reibungen, die Wärme erzeugen – dies bezeichnet man als Wärmeenergie. Die in Bewegung geratenen Moleküle versetzen die anderen Moleküle ebenfalls in Bewegung, wodurch eine Kettenreaktion entsteht, und damit ist die Wärmeleitung hergestellt. An den Außenseiten kommen die Mikrowellen zuerst mit der Speise in Kontakt und dringen von dort aus in den

Kern der Speise vor. Daher ist das Umrühren der Speisen von außen nach innen vonnöten. In dieser Weise vollzieht sich der Garprozeß im Mikrowellenherd. Nimmt man die Speise aus dem Herd, hält die Vibration der Moleküle noch einige Minuten an. Das heißt, daß der Garvorgang noch nicht abgeschlossen ist. Dies ist in den Rezepten berücksichtigt.
Bei dem beschriebenen Kochvorgang erwärmt sich die Luft im Garraum des Mikrowellenherdes ebensowenig wie das Geschirr, in dem man die Speise gart. Erhitzt wird es aber von den Speisen selbst. Darum kann man auf einen Topflappen nicht ganz verzichten. Er wird manchmal nötig sein. Die Böden der Kochgeschirre sind selbstverständlich immer heiß. Man darf sie auch niemals – wie man gewohnt ist – auf einer kalten Unterlage abstellen.

Das Geschirr für den Mikrowellenherd

Neuanschaffungen, wie mancher neue Besitzer eines Mikrowellenherdes meint, sind im Prinzip nicht nötig, weil die meisten Geschirre eines Normalhaushaltes zu verwenden sind.

Geeignetes Geschirr:

Feuerfestes Glas oder Geschirr aus Glaskeramik ist bestens verwendbar. Der Kochvorgang kann ständig beobachtet werden. Es ist vielseitig brauchbar für Suppen, Gemüse, Fleisch usw. Der Durchgang der Mikrowellen erfolgt direkt, das Geschirr bleibt kühl, wenn die Gardauer nicht zu lange ist. Es erwärmt sich dann über die Speise.

Normales, kräftiges Porzellan und gut durchgebranntes Tongeschirr kann ebenfalls für das Kochen im Mikrowellenherd verwendet werden.

Bestens geeignet sind z. B. der *Römertopf* und *cerabak*-Formen von Bay-Keramik. Sie bestehen aus porösem Material mit Glasur und eignen sich hervorragend zum Garen von Suppen, Eintöpfen, Gemüsen und Fleischgerichten im Mikrowellenherd. Sinnvoller ist es, einen großen Braten im herkömmlichen Backofen zu braten, doch ihn oder Bratenreste wieder zu erwärmen, wird im Römertopf in der Mikrowelle schneller erreicht. Die Mikrowellen erhitzen die Feuchtigkeit im Geschirr und im Gargut. Das Tongeschirr hat dadurch einen Warmhalteeffekt, man muß also einen Topflappen benutzen, doch – als Vorteil – die Speise bleibt dadurch länger heiß.

All diese Geschirre können aus dem Mikrowellenherd direkt auf den Tisch gestellt werden, ersparen zusätzliches Anrichtegeschirr und sind leicht zu reinigen, weil im Mikrowellenherd – wie schon gesagt – nichts anbrennt.
Ein Tip: Wenn Sie Zweifel haben, ob ein Geschirr für die neue Kochart geeignet ist oder nicht, dann stellen Sie es für 10 bis 20 Sekunden in Ihren Mikrowellenherd bei Einschaltung 100. Sollte sich das Geschirr beim Herausnehmen warm anfühlen, dann ist es für den Mikrowellenherd nicht geeignet.
Dünnes Glas und Porzellan ist ungeeignet, weil es durch die Hitzeeinwirkung der Speisen zerspringen würde!

Kunststoffgeschirr, das aus hitzebeständigen Materialien hergestellt ist, also auch geschirrspülmaschinenfest ist, kann ohne Bedenken zum Kochen und Erwärmen Verwendung finden.

Kunststoff-Kochbeutel sind ebenfalls verwendbar. Doch vor dem Kochen müssen sie etwas eingestochen werden, damit überschüssiger Dampf entweichen kann.

Papiergeschirr ist nur zum Erwärmen geeignet.

Stroh- und Bastkörbchen oder Tabletts können nur für kurze Zeit, evtl. zum Aufwärmen von Brötchen oder kleinen Gebäckstückchen, verwendet werden.

Bräunungsgeschirr ist ein unentbehrliches Zubehör, um wirklich gute Bräunungseffekte und besten Bratengeschmack im Mikrowellenherd zu erzielen. Manche Mikrowellenherde sind mit einem Bräunungsgrill ausgestattet. Bräunungsgeschirr und Bräunungsplatte sind nur im Mikrowellenherd zu benutzen. Sie werden besonders an der Unterseite sehr heiß, daher sind sie unbedingt mit Topfhandschuhen anzufassen.
Bei größeren Mengen sind oft mehrere Brat-Partien notwendig. Bräunungsgeschirr für den 2. Bratgang nie länger als 4 Minuten vorheizen. Vorher ist es mit heißem Wasser zu säubern.
Es gibt Bräunungsgeschirr, das im 2. Bratgang nur ein Vorheizen von 2½ Minuten verträgt. Der Boden des Bräunungsgeschirrs besitzt eine Zinkoxydbeschichtung, die man im Mikrowellenherd je nach Bedarf stark oder weniger stark aufheizen kann. Bei diesem Vorgang bleibt die Schüssel leer und wird nicht zugedeckt. Sowohl Bräunungsschüssel als auch Bräunungsgrill werden im Mikrowellenherd 2 bis höchstens 8 Minuten vorgeheizt, anschließend wird die Speise mit wenig hocherhitzbarem Fett zum Anbraten oder Bräunen hinein- bzw. daraufgegeben. In manchen Fällen werden die Fleischstücke nur mit Fett eingepinselt. (Die jeweiligen Vorheizzeiten sind in den Rezepten vermerkt.)
In der Bräunungsschüssel können Sie bestens Zwiebeln anrösten, eine dunkle Einbrenne bereiten, und es läßt sich darin sogar Zucker karamelisieren.

Gut getestet ist das neue *Vitri-micro-dur,* das Vier-Funktionen-Geschirr, »Einfrieren – Auftauen – Erhitzen – Servieren«.

Neu auf dem Markt ist ein Geschirr mit weitgehender Hersteller-Garantie. Ein Geschirr-Set mit »Heiß-Kalt-Garantie«. Es besteht aus 2 ovalen und einer runden Form. Das Material ist hochwertige Glaskeramik, nicht nur für den Mikrowellenherd geeignet, sondern auch für den herkömmlichen Herd und Backofen. Ja selbst ein Temperaturwechsel z. B.

vom Kühlschrank auf die Herdplatte nimmt dieses Geschirr keineswegs übel.

Grundsätzlich *nicht* geeignet ist Geschirr aus Metall, sind Behälter aus Metallfolie (Alufolie) und Geschirre mit Metalldekor. Der Grund dafür: Die Mikrowellen werden von allen Metallen reflektiert, sie können also nicht durchdringen, und die Speisen werden nicht erwärmt oder gegart. Auch nur bei kleinsten Metallteilchen im Mikrowellenherd können Funkenbildungen entstehen, die zwar ungefährlich sind, jedoch die Oberfläche des Gefäßes zerstören könnten, wenn sie längere Zeit anhalten.
Nicht zu empfehlen sind Gefäße mit bestimmten Farben und Glasuren, die metallische Substanzen enthalten. Derartiges Geschirr sollte im Mikrowellenherd nicht benutzt werden. Ebensowenig ist Holzgeschirr zu empfehlen, denn die Feuchtigkeit im Holzgeschirr verdampft während des Garvorganges, und im Holz entstehen dadurch Risse.
Beim Umgang mit den Mikrowellen kann die reflektierende Wirkung des Metalls wohl in kleinem Maße nützlich sein. Zum Beispiel: Bei einem Stück Fleisch, das aus verschiedenen Muskelteilen besteht (die unterschiedliche Garzeiten haben), oder einem Stück Fleisch, das verschiedene Stärken aufweist, deckt man die schneller gar werdenden Teile in der ersten Hälfte der Garzeit mit Alufolie ab. Dabei ist zu beachten, daß erstens der Abstand zwischen Garraumwand und Alufolie weit genug ist – mindestens 2 cm – und daß zweitens die Alufolie nur einen geringen Teil des Nahrungsmittels bedeckt.

Anweisungen und Regeln für die neue Kochart

Inzwischen haben Sie sicherlich die Befangenheit vor Ihrem neuen Küchengerät überwunden, und wenn Sie sich noch das Folgende einprägen, werden Sie bemerken, wie einfach man mit der Mikrowelle kochen kann.

1. Das Geschirrproblem ist hinfällig, wenn Sie das Kapitel »Das Geschirr für den Mikrowellenherd« (siehe Seite 12) genau lesen.
2. Stellen Sie Ihr Kochgut immer in die Mitte des Herdes, wenn es sich nicht um ein Gerät handelt, dessen Boden gänzlich ausgenützt werden kann. Ist es portioniert, ordnen Sie Tassen, Gläser oder Schälchen um die Mitte herum an.
3. Bedenken Sie dabei, daß kleinere Mengen besser und schneller erwärmen oder garen als große. Zum Beispiel: Sie haben vier Tassen Suppe zu erwärmen, dann stellen Sie nacheinander zwei in den Mikrowellenherd. In den ersten Tassen ist die Suppe noch heiß, wenn die zweiten fertig sind.
4. Die meisten Suppen werden im geschlossenen Gefäß gegart, um das Austrocknen zu verhindern. Einige werden auch in der ersten Halbzeit geschlossen und in der zweiten offen gegart (in jedem Rezept gibt es dafür einen Hinweis). Manches Geschirr hat keinen passenden Deckel. Helfen Sie sich durch Abdecken mit einer Klarsichtfolie oder mit einem Teller. Bei besonders fest schließenden Deckeln bildet sich oft sehr starker Dampf. Vorsicht beim Öffnen!
5. Das Gerät schalten Sie erst ein, wenn die Speise im Mikrowellenherd steht und die Türe geschlossen ist.
6. Die Speisenmenge und Speisentemperatur ist bestimmend für die Länge der Garzeit. Als Grundregel kann man

sagen: doppelte Menge braucht doppelte Zeit, halbe Menge ist in der halben angegebenen Zeit gar. Auseinandergebreitete Speisen haben eine kürzere Garzeit als hohe.

Ungleichmäßige starke oder flache Fleisch- oder Fischstücke sollte man möglichst ausgleichen. Dünne Stücke werden schneller gar. Sie sollten in der Mitte des Kochgeschirres angeordnet werden. Gerichte aus kleingeschnittenen Zutaten wie z. B. Gulasch oder Eintöpfe garen gleichmäßiger, wenn die Zutaten in gleichgroße Stücke von etwa 2 cm geschnitten werden. Große Fleisch-, Fisch- und Gemüsestücke während der Garzeit 1–2mal umdrehen. Kleingeschnittene Lebensmittel umrühren. So vollzieht sich der Garprozeß gleichmäßiger.

7. Es ist ratsam, das Bemessen der Garzeiten eher etwas kürzer zu halten, um das Kochgut vor dem Zerkochen zu schützen. Jederzeit kann man ohne weiteres die Türe öffnen, weil sich der Herd automatisch abschaltet. Lieber eine Nachgarzeit einschalten.

8. Für das Zubereiten der Speisen in diesem Kochbuch ist es erforderlich, die Bezeichnung der Einstellungen und Garzeiten der Rezepte zu erklären. Denn die unterschiedlichen Ausstattungen der im Handel angebotenen Mikrowellenherde erschweren es, die jeweiligen Bedienungsvorschriften auf einen Nenner zu bringen. Gemeint ist die Einstellung der Geräte. Darum sind die Einstellungsangaben in Prozenten angegeben. Hier heißt es:

   - 100 % – schnelles Garen – höchste Stufe einschalten.
   - Weniger als *100* (in den einzelnen Rezepten vermerkt) – langsames Garen – eine niedere Stufe zum Weiterkochen einschalten. Z. B.:
     100 = höchste Leistungseinstellung
     75 = dreiviertel Leistungseinstellung
     50 = halbe Leistungseinstellung
     10 = zehn Prozent von 100 Leistungseinstellung

Die angegebenen Zeiten beziehen sich auf Mikrowellenherde mit:

700 W Leistung - geringste Minutenzahl
600 W Leistung - mittlere Minutenzahl
500 W Leistung - höchste Minutenzahl

Aus dem Tiefkühlgerät in den Mikrowellenherd

Auftauen von Tiefkühlkost ist kein Problem mehr. Im Mikrowellenherd werden alle Speisen schonend und schnell aufgetaut. Dies ist ohne Zweifel ein Pluspunkt für das neuartige Kochgerät und gilt für alle Mikrowellenherde ob mit oder ohne Auftauautomatik.
Hat Ihr Mikrowellenherd eine Auftauautomatik, müssen Sie nur auf der Auftauskala das Gewicht Ihres Gefriergutes einstellen und auf die Gartaste drücken.
Bei Geräten ohne diesen Komfort muß – je nach Modell – in unterschiedlichem Rhythmus manuell ein- und ausgeschaltet werden. Damit wird ein vorzeitiges Garen der Speise verhindert.
Der Auftauvorgang von Lebensmitteln erfolgt von außen nach innen und soll sich gleichmäßig vollziehen.
Zum Auftauen die Lebensmittel zudecken, weil dadurch der Auftauprozeß schneller und gleichmäßiger abläuft.
Für das Auftauen wählen Sie das passende Geschirr; Behälter aus Kunststoff müssen hitzebeständig sein. Verschlossene Alu-Behälter und Kochbeutel sind ungeeignet.

Das Erhitzen von Getränken und Speisen

Erhitzen (Aufwärmen) – ebenfalls ein Pluspunkt für den Mikrowellenherd. Alle fertigen Speisen können Sie, ohne daß das Gericht an Geschmack und Aussehen verliert, ohne Fettzugabe und Flüssigkeit und ohne Gefahr des Anbrennens auf die gewünschte Temperatur erhitzen. Das ist für die Hausfrau eine nicht zu unterschätzende Erleichterung. Dazu kommt noch, daß die Speisen im Serviergeschirr – vorausgesetzt, daß es keine Metallverzierungen hat – erhitzt werden können.

Bis auf panierte Speisen, wie z. B. Schnitzel oder Fischstäbchen, werden alle Speisen zugedeckt erhitzt.

Anhaltspunkte für die Zeit, die für jede Speise zum Erhitzen erforderlich ist, finden Sie in folgender Tabelle.

Tabelle für das Erhitzen von Getränken und Speisen

Durch die unterschiedlichen Ausstattungen der im Handel angebotenen Mikrowellenherde können nur Durchschnittseinstellungen und Durchschnittszeiten angegeben werden. (Zeitenerklärung siehe »Anweisungen und Regeln«, Seite 16 ff. Einstelltechnik je nach Gerät.)

Kommen die Speisen aus dem Kühlschrank, müssen die Zeitangaben verlängert werden.

Grundregel bei Mengenveränderung: Doppelte Menge – doppelte Zeit, halbe Menge – halbe Zeit.

	Menge	*Zeit*	*Einstellung*
Getränke			
1 Babyfläschchen ohne Sauger	100 cm^3	½–1½ Minuten	*75*
1 Glas Wasser offen bis zum Ankochen	⅛ l	1½–2 Minuten	*100*
1 Tasse Milch offen trinkheiß	⅛ l	1–1¾ Minuten	*100*
1 Tasse Kaffee offen (zum Wiedererwärmen)	⅛ l	30–50 Sekunden	*100*
1 Tasse Brühe offen trinkheiß	⅛ l	50 Sekunden bis 1¾ Minuten	*100*
Speisen			
1 Glas Babykost ohne Deckel	100 g	20–30 Sekunden	*60*
1 Schale Suppe geschlossen	⅛ l	50 Sekunden bis 1¾ Minuten	*100*

	Menge	*Zeit*	*Einstellung*
Eintopf geschlossen	¼ l	2–3½ Minuten	*100*
Gemüse, Kartoffeln, Reis oder Teigwaren geschlossen	je etwa 200 g	1–2 Minuten	*100*
1 Portion Fisch paniert offen	etwa 150–200 g	1–2 Minuten	*100*
übrige Zubereitungsarten geschlossen			
1 Portion Fleisch paniert offen	etwa 125–150 g	1–½ Minuten	*100*
übrige Zubereitungsarten geschlossen			
1 Tellergericht	etwa 350 g	1¾–4 Minuten	*100*

Rezepte

Vorspeisen

Vorspeisen und kleine Gaumenfreuden so zwischendurch kann der Mikrowellenherd in Schnelligkeit auf den Tisch zaubern! Dazu gehören an erster Stelle überbackene Käsegerichte, Toasts verschiedener Art, überbackene Muschelgerichte – oft aus Resten zubereitet –, Aufläufe in kleinen Förmchen u. a. m. Die Möglichkeiten für diese kleinen Gerichte sind unerschöpflich, wenn in diesem Buch auch nur eine geringe Anzahl angeführt werden kann.

Alle in den folgenden Rezepten angegebenen Zeitangaben hängen von der Ausgangstemperatur, der Beschaffenheit und der Menge der jeweiligen Speise ab. Sie können daher geringen Schwankungen unterliegen, denn diese kleinen Gerichte sind in ihrer Zusammensetzung besonders unterschiedlich.

Grundregel bei Mengenveränderung:
Doppelte Menge – doppelte Zeit,
halbe Menge – halbe Zeit.

Geschirr:
Förmchen aus Glas, Porzellan, fester Keramik und Muscheln, Bräunungsgeschirr für Toaste.

Einstellungstechnik je nach Gerät, Zeitenerklärung siehe Seite 16 ff., »Anweisungen und Regeln«.

Anmerkung:
Empfindliche Lebensmittel wie Eier, Pilze, Sahne, Krustentiere bei *100* in den Mikrowellenherd stellen!

Warme Heilbutt-Brötchen

(2 Personen)

4 dünne entrindete Weißbrotscheiben
2 Scheiben geräucherter Heilbutt
etwas Milch
1 EL geriebener Käse
10 g Butterflöckchen

Weißbrotscheiben und Heilbuttscheiben kurz in Milch tauchen und gut abtropfen lassen. Eine Fischscheibe zwischen zwei Weißbrotscheiben legen und auf zwei Portionstellern anrichten. Die obere Seite mit geriebenem Käse bestreuen, mit Butterflöckchen belegen und im Mikrowellenherd 2–4 Minuten bei *100* garen, bis der Käse geschmolzen ist.

Gesamtgarzeit: etwa 2–4 Minuten

Hirn in Muscheln

150 g Kalbshirn
Salz, Pfeffer
25 g Sardellenbutter
4 Sardellenringe
1 TL fein gehackte Petersilie

Das blanchierte und von Blutgerinnseln befreite Hirn fein hacken und mit Pfeffer und Salz würzen. In 4 gut mit Butter ausgestrichene Muscheln verteilen. Auf jede Muschel ½ TL Sardellenbutter geben. Die Formen auf ein passendes flaches Gefäß stellen und im Mikrowellenherd 1½–3 Minuten erst bei *100*, dann 1½–3 Minuten bei *25* garen. Aus dem Herd nehmen, jede Muschel mit Petersilie bestreuen und mit einem Sardellenring krönen.
Dazu Toastbrot reichen.

Gesamtgarzeit: etwa 3–6 Minuten

Bananen Roma

(2 Personen)

2 nicht zu reife Bananen
2 Scheiben gekochter Schinken
10 g Butter
50 g Emmentaler Käse, in Streifen geschnitten

Das Bräunungsgeschirr im Mikrowellenherd bei *100* 4 Minuten vorheizen. Butter und geschälte Bananen hineingeben und mit der gespeicherten Hitze von allen Seiten braten. Dann jede Banane in eine Schinkenscheibe wickeln, jede Rolle auf einen Glasteller geben, mit Käsestreifen garnieren und im Mikrowellenherd bei *25* den Käse schmelzen lassen. Mit einem Salatblatt verzieren und sofort servieren.
Nach Wunsch Toastscheiben dazu reichen.

Gesamtgarzeit: etwa 2–4 Minuten

Spargel-Schinken-Vorspeise

300 g gekochter Spargel
100 g gekochter Magerschinken
200 g Butterflöckchen
1 EL feingehackte Petersilie

4 kleine Näpfchen oder Muscheln mit etwas Butter ausfetten. Spargel in 3–4 cm lange Stücke schneiden und in die Gefäße legen. Den Schinken in Streifen schneiden und über den Spargelstücken verteilen. Mit Butterflöckchen belegen und im Mikrowellenherd 1½–2½ Minuten bei *100* erhitzen. Mit Petersilie bestreut anrichten.

Gesamtgarzeit: etwa 1½–2½ Minuten

Räucheraal auf Rührei

4 Toastscheiben
150–200 g Räucheraal
4 Eier
etwas Salz
4 TL frischer, feingehackter Dill

Aal enthäuten, von der Mittelgräte befreien und in fingerlange Stücke schneiden. Die Toastscheiben entrinden und auf Portionsteller legen. Rasch das Rührei bereiten (s. Seite 36), auf die Toastscheiben verteilen, die Aalstücke darauf anordnen und mit Dill überstreuen.

Schinken-Mousse

200 g gekochter, magerer Schinken
⅛ l Sahne
1 TL Mehl
2 Eier getrennt
1 Schuß Sherry
10 g Butter
30 g geriebener Parmesankäse
½ TL Paprika edelsüß

Den Schinken zweimal durch den Fleischwolf drehen. Sahne und Mehl verrühren und im Mikrowellenherd 2–3 Minuten bei *100* erhitzen. Die Sauce während dieser Zeit einmal umrühren. Danach die Eigelb und den Schinken untermischen, mit Sherry abschmecken und den steifen Eischnee unterheben. Vier kleine, passende Förmchen oder Schüsselchen mit Butter ausfetten, die Schinkenmasse einfüllen und mit Käse und Paprika bestreuen. Im Mikrowellenherd bei *100* etwa 2½–3½ Minuten erhitzen.
Dazu Käsestangen reichen.

Gesamtgarzeit: etwa 4½–6½ Minuten

Krabbenvorspeise

4 hartgekochte Eier
200 g Krabbenfleisch
10 g Butter
$\frac{1}{8}$ l Sahne
1 TL Mehl
1 TL scharfer Senf
1 EL gehackte Petersilie
Salz
40 g geriebener
Emmentaler Käse

4 kleine Förmchen oder Schüsselchen mit Butter ausfetten. Die Eier in Scheiben schneiden und abwechselnd mit den Krabben in die Förmchen einschichten. Für die Sauce Sahne, Mehl und Senf verrühren und im Mikrowellenherd bei *100* in etwa 2–3 Minuten zum Kochen bringen. Die Sauce während dieser Zeit einmal umrühren. Die fertige Sauce aus dem Herd nehmen, die Petersilie untermischen, mit Salz abschmecken und über den Krabben verteilen. Mit Käse bestreuen und bei *100* etwa $2\frac{1}{2}$–$3\frac{1}{2}$ Minuten erhitzen, bis der Käse geschmolzen ist.
Dazu Toast reichen.

Gesamtgarzeit: $4\frac{1}{2}$–$6\frac{1}{2}$ Minuten

Frühlings-Vorspeise

400 g tiefgekühlter
Blattspinat
30 g frische Butter
Salz
Muskat
4 Eigelb
Paprikapulver
4 Sardellenringe

Den Spinat gefroren mit der Butter in ein passendes Gefäß geben und im Mikrowellenherd bei *25* auftauen und garen lassen. Mit Salz und Muskat würzen, in Portionsbecher verteilen, darauf ein frisches Eigelb schlagen, mit Paprika bepudern und mit einem Sardellenring krönen.

Gesamtgarzeit: 15–20 Minuten

Gefüllte Wurstkörbchen

8 Scheiben dick geschnittene Bierwurst
10 g Fett
200 g fertigen Creme-Spinat oder 150 g mit Béchamelsauce gebundene grüne Erbsen

Bräunungsgeschirr im Mikrowellenherd bei *100* 2 Minuten vorheizen. Dann mit Butter bestreichen, die Wurstscheiben mit der Haut darauflegen und in den Mikrowellenherd stellen, bis sich aus den Wurstscheiben Körbchen bilden. Diese sofort mit einem heißen Gemüse füllen und die Körbchen auf Petersilienkartoffeln anrichten.

Gesamtgarzeit: 1–4 Minuten

Spinat-Vorspeise in Muscheln

150 g (1 kleines Paket) tiefgekühlter, aufgetauter Spinat
½ in etwas Sahne eingeweichte, altbackene Semmel
1 Ei
50 g gehackter Schinken
etwas Salz
1 Msp Muskat
1 EL feingehackte Petersilie
Zum Belegen:
20 g Butterflöckchen
Zum Bestreuen:
2 EL geriebener Käse

Alle Zutaten zu einer schmackhaften Masse verrühren. 4 Muscheln mit etwas Butter ausfetten und die Spinatmasse darin verteilen. Mit Butterflöckchen belegen, mit Käse bestreuen. Die Muscheln auf einen großen Porzellanteller stellen. Etwa 3 Minuten bei *100* in den Mikrowellenherd stellen und 2 Minuten bei *75* garen, bis der Käse geschmolzen ist.

Gesamtgarzeit: etwa 5 Minuten

Jäger-Toast

4 Scheiben Toastbrot
20 g Butter
4 Scheiben gebratenes Reh- oder Hasenfilet
4 Scheiben Ananas aus der Dose, gut abgetropft
Butterflöckchen
2 TL Preiselbeergelee

Das Bräunungsgeschirr im Mikrowellenherd 2 Minuten bei *100* vorheizen. Das Toastbrot auf einer Seite mit Butter bestreichen, dann mit den Fleisch- und Ananasscheiben belegen. Butterflöckchen darauf verteilen, in das vorgeheizte Bräunungsgeschirr setzen und 3½–5 Minuten bei *100* im Mikrowellenherd garen. Aus dem Herd nehmen, jeden Toast mit ½ TL Preiselbeergelee krönen und sofort servieren.

Gesamtgarzeit: 3½–5 Minuten

Mexiko-Toast

4 Scheiben Toastbrot
20 g Butter
4 Scheiben gebratene Hühnerbrust
2 in längliche Scheiben geschnittene Bananen
1 nicht zu weicher, in Scheiben geschnittener Camembert
Rosenpaprika

Das Bräunungsgeschirr im Mikrowellenherd 2 Minuten bei *100* vorheizen. Das Toastbrot auf einer Seite mit Butter bestreichen, dann mit der gebratenen Hühnerbrust, den Bananen- und Camembertscheiben belegen und mit Rosenpaprika bestreuen. In das vorgeheizte Bräunungsgeschirr setzen und 4–5½ Minuten bei *100* im Mikrowellenherd garen, bis der Käse geschmolzen ist.

Gesamtgarzeit: 4–5½ Minuten

Champignontoast

4 Scheiben Toast
etwas Butter
Zum Belegen:
200 g frische Champignons
20 g Butter
1 EL feingehackte Zwiebel
etwas Salz und Pfeffer
2 EL Crème fraîche
1 EL gehackte Petersilie
4 Scheiben Schmelzkäse

Toastscheiben auf einer Seite mit Butter bestreichen. Champignons putzen, kurz waschen und in Scheibchen schneiden. Mit der Butter und der Zwiebel in einer passenden Glas- oder Porzellanschüssel zugedeckt im Mikrowellenherd etwa 3 Minuten bei *100* dünsten. Aus dem Herd nehmen, mit Salz und Pfeffer abschmecken. Sollte sich zu viel Flüssigkeit gebildet haben, etwas davon abgießen. Dann die Champignons mit Petersilie und Crème fraîche verfeinern. Bräunungsgeschirr im Mikrowellenherd 2 Minuten bei *100* vorheizen. Die Toastscheiben mit der Butterseite nach unten darauflegen, die Champignons auf die Toastscheiben verteilen. Jeden Toast mit einer Käsescheibe bedecken. In den Mikrowellenherd stellen und etwa 2–3 Minuten bei *100* den Käse schmelzen lassen.

Gesamtgarzeit: etwa 5–6 Minuten

Tomaten-Toast

4 Scheiben Toastbrot
100 g durchwachsener, in Scheiben geschnittener Frühstücksspeck
4 in Scheiben geschnittene Tomaten
100 g geriebener Gouda- oder Emmentaler Käse
je 1 Stückchen frische Tomate und frische Petersilienblättchen

Das Bräunungsgeschirr im Mikrowellenherd bei *100* 2 Minuten vorheizen. Die Toastscheiben auf einer Seite mit Butter bestreichen, mit Frühstücksspeck und Tomatenscheiben belegen, geriebenen Käse darüberstreuen. In das vorgeheizte Bräunungsgeschirr setzen und im Mikrowellenherd 3½–5 Minuten bei *100* garen, bis der Käse geschmolzen ist. Aus dem Herd nehmen, mit Tomatenstückchen und Petersilienblättchen verzieren.

Gesamtgarzeit: 3½–5 Minuten

Steak-Toast mit Mandelpfirsichen

4 Scheiben Toastbrot
4 gebratene Kalbssteaks
etwas Curry
4 halbe, mit Mandelstiften gespickte Pfirsiche
Kresse

Das Bräunungsgeschirr 2 Minuten bei *100* vorheizen. Die Toastscheiben mit den Kalbssteaks belegen und mit etwas Curry bestreuen, die Pfirsichhälften, mit der Schnittfläche nach unten, darauf setzen, in das Bräunungsgeschirr geben und 3½–5 Minuten bei *100* im Mikrowellenherd garen. Aus dem Herd nehmen und mit Kresse garniert zu Tisch geben.

Gesamtgarzeit: 3½–5 Minuten

Croque Monsieur

8 Scheiben dünn geschnittenes Toastbrot
20 g Butter
4 Scheiben gekochter Schinken
4 Scheiben Emmentaler Käse (Scheibletten)
4 nach Vorschrift (s. S. 33) zubereitete Spiegeleier
1 TL gehackte Petersilie

Das Bräunungsgeschirr im Mikrowellenherd bei *100* 2 Minuten vorheizen. Die Toastscheiben auf einer Seite mit Butter bestreichen. Vier Scheiben mit gekochtem Schinken und Scheibletten belegen, mit den restlichen vier Toastscheiben abdecken. In das Bräunungsgeschirr setzen und 3½–5 Minuten bei *100* im Mikrowellenherd garen. Mit den nach Vorschrift zubereiteten Spiegeleiern krönen und mit etwas gehackter Petersilie verzieren.

Gesamtgarzeit: 2–6 Minuten (Spiegelei); 3½–5 Minuten (Toast)

Hawaii-Toast

4 Scheiben Toastbrot
20 g Butter
4 Scheiben roher Schinken
4 Scheiben Ananas aus der Dose (gut abgetropft)
4 Käse-Scheibletten

Das Bräunungsgeschirr bei *100* 2 Minuten vorheizen. Das Toastbrot auf einer Seite mit Butter bestreichen, mit Schinken, Ananasscheibe und Scheiblette belegen. In das Bräunungsgeschirr geben und 3½–5 Minuten bei *100* im Mikrowellenherd garen.

Gesamtgarzeit: 3½–5 Minuten

Spinat-Schinken-Toast

4 Scheiben Toastbrot
20 g Butter
4 Scheiben gekochter Schinken
2 EL fertiger Rahmspinat
4 Käse-Scheibletten
1 hartgekochtes Ei

Das Bräunungsgeschirr bei *100* 2 Minuten vorheizen. Die Toastscheiben auf einer Seite mit Butter bestreichen, mit Schinken belegen, darauf je ½ EL Spinat geben und darauf die Scheibletten legen. In das Bräunungsgeschirr setzen und 3½–5 Minuten bei *100* im Mikrowellenherd garen. Herausnehmen und nach Wunsch mit einem hartgekochten Eiviertel verzieren.

Gesamtgarzeit: 3½–5 Minuten

Zum Thema »Ei«

Hierzu meint Wilhelm Busch: »Das weiß ein jeder, wer's auch sei, gesund und stärkend ist das Ei.«
Dazu aber meine ich: Es weiß noch nicht ein jeder, wie »eierfix« man viele Eiergerichte im Mikrowellenherd zubereiten kann. »Weiche Eier« allerdings können im Mikrowellenherd nicht gekocht werden, denn setzt man die Schale dem Mikrowellenherd aus, platzt sie. Eiweiß und Eigelb werden im Mikrowellenherd fast zu gleicher Zeit gar. Bei der Zubereitung von Spiegeleiern ist es vorteilhaft, die Oberfläche der Eigelb behutsam mit einer Gabel leicht anzustechen.

Bei den folgenden Rezepten werden Eier der Gewichtsklasse III verwendet.
Die in den Rezepten angegebenen Zeitangaben hängen von der Ausgangstemperatur, der Beschaffenheit und der

Menge der jeweiligen Zutaten ab. Sie können dadurch geringen Schwankungen unterliegen.

Grundregel bei Mengenveränderung:
Doppelte Menge – doppelte Zeit,
halbe Menge – halbe Zeit.

Geschirr:
Glas, Porzellan und feste Keramik, ohne Metallverzierungen.

Einstellungstechnik je nach Gerät, Zeitenerklärung siehe Seite 16 ff., »Anweisungen und Regeln«.

Spiegelei
(1 Person)

1 TL Butter oder Öl
1 Ei
etwas Paprika

Bräunungsschüssel 2 Minuten bei *100* vorheizen. Mit Butter oder Öl bestreichen, das Ei aufschlagen und in die Schüssel gleiten lassen. Eigelb mit der Gabel vorsichtig anstechen. Eiweiß mit Salz und Paprika leicht bestreuen und ½–1½ Minuten bei *50* in den Mikrowellenherd stellen:

Gesamtgarzeit: ½–1½ Minuten

Anmerkung:
Bei der Zubereitung von mehreren Spiegeleiern zu gleicher Zeit erhöht sich für jedes weitere Ei die Fettzugabe um ½ TL Butter oder Öl, die Garzeit um ½–1 Minute

Veränderung:
Will man die Spiegeleier auf Speck braten, entfällt das Bestreichen der Bräunungsschüssel mit Butter oder Öl. Man belegt sie dafür mit dünnen, durchwachsenen Speckscheiben. Weitere Zubereitung wie »Spiegelei«, nur verlängert sich die Garzeit um einige Sekunden.

Ei im Glas

1 Ei

etwas Salz

Das Ei in ein passendes Gefäß schlagen, das Eiweiß leicht salzen, das Eigelb behutsam mit einer Gabel anstechen, etwa ½–¾ Minuten offen bei *50* in den Mikrowellenherd stellen und nach dem Garen noch eine Minute nachziehen lassen.

Gesamtgarzeit: ½–¾ Minute

Großes Eierfrühstück

(2 Personen)

2 Scheiben Frühstücksspeck, in Streifen geschnitten
4 kleine Cocktailwürstchen
2 große, geschälte, geviertelte Tomaten

4 Eier, mit 4 EL Milch verquirlt
mit Salz und Pfeffer gewürzt
etwas Butter zum Ausstreichen der Portionsschüsselchen

Bräunungsschüssel 2 Minuten bei *100* vorheizen. Speckstreifen und Cocktailwürstchen darauflegen und bei *100* etwa 1 Minute im Mikrowellenherd erhitzen, dann herausnehmen. Vorbereitete Tomatenviertel in gebutterte Portionsschälchen geben, zudecken und 2 Minuten bei *80* kurz dünsten. Die inzwischen vorbereitete Eiermilch über die Tomaten gießen und etwa 2–4 Minuten bei *100* stocken lassen. In der letzten halben Minute die Speckstreifen und Cocktailwürstchen über dem Gericht verteilen, damit sie wieder erwärmt werden.

Gesamtgarzeit: 7 Minuten

Verlorene Eier

4 Eier	*2 EL Essig*
½ l Wasser	*½ TL Salz*

Wasser, Essig und Salz in einer passenden Form zugedeckt 5–8 Minuten bei *100* zum Kochen bringen. Eier nacheinander in eine Schöpfkelle aufschlagen und vorsichtig in das Wasser gleiten lassen. Zugedeckt 3–5 Minuten bei *50* garen. Die Eier herausnehmen und in einer beliebigen Sauce – Senf-, Sardellen-, Kräuter-, Dill- oder Gurkensauce (siehe Seiten 61 ff.) – anrichten.

Gesamtgarzeit: 8–12 Minuten

Eierstich

(2 Portionen Suppeneinlage)

1 Ei	*1 TL feingehackte Kräuter*
1½ EL Milch	*oder feingeriebener*
je 1 Prise Salz und Muskat	*Emmentaler Käse*
	etwas Butter

Ein Glas oder eine Tasse mit Butter ausstreichen. Alle anderen Zutaten verquirlen und in das Gefäß füllen. Zugedeckt bei *50* in den Mikrowellenherd stellen und stocken lassen, danach in Würfel schneiden.

Gesamtgarzeit: ¾–2 Minuten

Rührei
(1 Person)

2 Eier
2–3 EL Milch oder Wasser
etwas Salz und Pfeffer
Zum Ausstreichen der Form:
1 TL Butter

Zum Bestreuen:
1 EL feingeschnittener Schnittlauch
oder 1 Msp Rosenpaprika

Eier, Milch oder Wasser und die Gewürze mit einer Gabel oder einem Schneebesen gut verschlagen. In die mit Butter ausgestrichene Form gießen. Im Mikrowellenherd 1½–3 Minuten bei *50* stocken lassen. Während dieser Zeit die Masse 2–3mal mit einem Löffel vom Rand zur Mitte hin rühren. Mit Schnittlauch oder Paprika bestreut zu Tisch geben.

Gesamtgarzeit: 3 Minuten

Variationen:
Eiermilch mit Zwiebelpulver oder Curry würzen.
Eiermilch mit geriebenem Käse und gehackten Kräutern vermischen.

Verlorene Eier in der Muschel
(2 Muscheln)

2 Eier
¼ l Wasser
1 EL Essig
1 Msp Salz
4 EL saure Sahne
1 EL Tomatenmark
½ TL Paprikamark
2 mit Butter ausgefettete Muscheln
2 TL geriebener Emmentaler Käse oder Parmesan

Wasser, Essig und Salz in einer passenden Form zugedeckt etwa 3–5 Minuten bei *100* zum Kochen bringen. Eier nacheinander in eine Schöpfkelle aufschlagen, vorsichtig in das Wasser gleiten lassen und bei *50* zugedeckt garen; dann herausnehmen und in die leicht gefetteten Muscheln setzen. Saure Sahne mit Tomaten- und Paprikamark verrühren, über die Eier verteilen und mit Käse bestreuen. In den Mikrowellenherd 1½–2 Minuten bei *100* stellen, bis der Käse geschmolzen ist. Jede Muschel auf einen Teller setzen und mit Toast servieren.

Gesamtgarzeit: 7½–12 Minuten

Omelett mit Schinken

(1 Portion)

2 Eier, getrennt
1 EL Wasser oder Milch
1 Prise Salz
1 TL Mehl
75 g gewürfelter Schinken
ein mit Butter ausgefetteter Teller
1 EL feingeschnittener Schnittlauch

Eigelb mit Wasser oder Milch verschlagen, Salz und Mehl einrühren, dann den Schinken untermischen und zum Schluß die steifen Eischnee leicht unterheben. Die Masse auf den gefetteten Teller geben und 2–4 Minuten bei *50* im Mikrowellenherd stocken lassen. Das fertige Omelett mit Schnittlauch bestreuen und sofort servieren. Dazu grünen Salat reichen.

Gesamtgarzeit: 2–4 Minuten

Variationen:
Statt Schinken gedünstete Pilze, Kräuter oder Käse verwenden.

Omelett, salzig und süß
(1 Portion)

2 Eier, getrennt
1 EL Wasser oder Milch
1 Prise Salz oder
1 TL Zucker oder
einige Tropfen flüssiger Süßstoff
1 TL Mehl
ein mit Butter gefetteter Teller

Eigelb mit Wasser oder Milch gut verschlagen, beliebige Geschmackszutaten beigeben und das Mehl einrühren. Zum Schluß die steifen Eischnee leicht unterheben. Die Eiermasse auf den gefetteten Teller geben und 2–4 Minuten im Mikrowellenherd bei *50* stocken lassen.

Gesamtgarzeit: 2–4 Minuten

Zitronen- oder Orangenschaumomelett
(1–2 Personen)

2 Eier, getrennt
2 EL Puderzucker
Saft und abgeriebene Schale einer halben Zitrone oder Orange
Orangen- oder Mandarinenspalten

Eigelb mit dem Zucker und der abgeriebenen Zitronen- oder Orangenschale und dem Saft gut verrühren und die sehr steif geschlagenen Eiweiß unterheben. Die Schaummasse in einen tiefen Teller geben und etwa 2–4 Minuten bei *100* zugedeckt im Mikrowellenherd erhitzen. Das fertige Omelett mit Orangen- oder Mandarinenspalten garnieren.

Gesamtgarzeit: 2–4 Minuten

Hirn mit Ei

1 Kalbshirn
20 g Butter oder Margarine
1 EL feingehackte Petersilie
Salz und Pfeffer
4 verquirlte Eier

Das Hirn einige Zeit in kaltes Wasser legen, danach häuten, von den blutigen Teilen befreien und fein hacken. Eine passende Schüssel mit Fett ausstreichen, Petersilie und gehacktes Hirn einfüllen, mit Salz und Pfeffer bestreuen. Zugedeckt 5–8 Minuten bei *100* im Mikrowellenherd dünsten. Wenn das Hirn gar ist, die verquirlten Eier darüber verteilen und die Speise offen 1½–2½ Minuten bei *50* im Herd garen, bis die Eier gestockt sind. Dazu Toast reichen.

Gesamtgarzeit: 6½–10 Minuten

Eier nach Florentiner Art

1 Paket tiefgekühlter Rahmspinat
50 g geriebener Parmesankäse
1 Rezept helle Grundsauce (s. S. 61)
4 Eier
20 g frische Butter

Den gefrorenen Spinat in eine Auflaufform geben und im Mikrowellenherd nach Vorschrift etwa 15 Minuten auftauen. Aus dem Herd nehmen und die Sauce nach Vorschrift zubereiten. Die halbe Menge Parmesankäse in die Sauce rühren, den Rest über dem aufgetauten Spinat verteilen. Darüber vorsichtig die Eier schlagen. Die Butter in die Sauce rühren, wenn nötig noch mit Salz abschmecken und über die Eier verteilen. Das Gericht zugedeckt 3–4 Minuten bei *50* in den Mikrowellenherd stellen und garen. Dazu Salzkartoffeln reichen.

Gesamtgarzeit: 18–19 Minuten (Saucenzubereitung nicht berechnet)

Ramequin

8 Weißbrotscheiben (1 cm dick)
8 dickliche Scheiben Emmentaler Käse
2 Eier
3/8 l Milch
etwas Salz und Muskat

Abwechselnd – schräg nebeneinander stehend – Weißbrot und Käse in eine gebutterte Auflaufform einschichten. Die Käsescheiben müssen das Brot überragen. Eier und Milch gut verquirlen, mit Salz und Muskat abschmecken und darübergießen. Die Form ohne Deckel in den Mikrowellenherd stellen. Etwa 3–4 Minuten bei *100* und 2–3 Minuten bei *75* fest werden lassen.
Dazu heißen Tee oder Weißwein reichen.

Gesamtgarzeit: etwa 6–7 Minuten

Welsh Rarebits
(2 Portionen)

4 Weißbrotscheiben
60 g Butter
80 g geriebener Käse
1–2 EL Bier (kann auch wegbleiben)
etwas Paprika
1 Eigelb

Von den Weißbrotscheiben die Rinde abschneiden. Butter schaumig rühren und alle anderen Zutaten daruntermischen. Mit dieser Masse die Weißbrotscheiben bestreichen. Bräunungsgeschirr oder Platte 2 Minuten bei *100* im Mikro-

wellenherd vorheizen. Die Brote darauflegen und 1½–2 Minuten im Mikrowellenherd bei *100* überbacken. Sofort servieren.
Zu Bier oder Wein reichen.

Gesamtgarzeit: 1½–2 Minuten

Leberkäse mit Käse überdeckt

(2 Portionen)

2 Scheiben Leberkäse
à 125 g
2 Scheibletten

Zum Garnieren:
Tomatenscheiben, mit Schnittlauch oder Petersilie bestreut

Bräunungsgeschirr 2 Minuten bei *100* vorheizen. Den Leberkäse hineinlegen und jede Portion mit einer Käsescheibe bedecken. In den Mikrowellenherd stellen und etwa 1–2 Minuten bei *100* den Käse schmelzen lassen. Jede Portion auf einen Teller geben und mit Tomatenscheiben garnieren.
Dazu Bier und Bauernbrot servieren.
Gesamtgarzeit: 1–2 Minuten

Quarkomelett mit Kräutern

(2 Personen)

250 g Magerquark
2 Eier
30 g Mehl
½ TL Salz
2 EL feingeschnittener Schnittlauch oder die gleiche Menge verschiedene feingehackte Kräuter
20 g Margarine

Bräunungsgeschirr 5 Minuten im Mikrowellenherd bei *100* vorheizen. Inzwischen den Quark mit allen Zutaten zu einer glatten Masse verrühren. In dem Bräunungsgeschirr die Margarine schmelzen, die Quarkmasse hineingeben und zugedeckt 6–7 Minuten bei *100* stocken lassen. Aus dem Herd nehmen und 5 Minuten ruhen lassen.
Dazu Kopfsalat oder Tomatensalat reichen.

Gesamtgarzeit: 6–7 Minuten

Kartoffelbraten mit Salami und Käse

500 g kalte, gekochte Kartoffeln
⅛ l Milch
20 g Butter
1 EL Mehl
⅛ l Sahne
50 g kleingewürfelte ungarische Salami
3 EL geriebener Käse
2 Eigelb
etwas Salz und 1 Msp Curry
Zum Bestäuben:
½ TL Paprika

Kartoffeln schälen und in kleine Würfel schneiden. Milch und Butter zugedeckt im Mikrowellenherd in etwa 2–2½ Minuten zum Kochen bringen. Mehl und Sahne verrühren, in die kochende Milch einquirlen und in etwa 1 Minute bei *100* bis zum Kochpunkt erhitzen. Während dieser Zeit ein-

mal umrühren. Aus dem Herd nehmen, Käse sowie nach und nach die Eigelb einrühren und mit den Gewürzen abschmecken. In einer länglichen, gefetteten Form die Hälfte der Kartoffelwürfel in Laibform einschichten. Die Salami in kleine Würfel schneiden und über die Kartoffeln verteilen. Die Hälfte der Käsesauce darübergießen. Mit den restlichen Kartoffelwürfelchen abdecken und darüber die zweite Hälfte der Sauce verteilen. Mit Paprika bestreuen. Zugedeckt in den Mikrowellenherd stellen und etwa 6–8 Minuten garen. Wenn die Sauce gestockt ist, ist die Speise fertig.
Dazu Salate reichen.

Gesamtgarzeit: 10–12 Minuten

Quarkknödelchen

250 g Quark
1 Ei
40 g weiche Butter
1 gestrichener TL Salz
50 g Mehl
50 g Semmelbrösel
½ l Wasser
Zum Beträufeln:
50 g leicht gebräunte Butter

Den Quark mit Ei und Butter schaumig rühren, dann das Salz, Mehl und Semmelbrösel beifügen. Der Teig muß mittelfest sein. Wenn er zu weich sein sollte, noch etwas Semmelbrösel dazugeben. Daraus kleine Knödel (etwa 20 Stück) formen. In einer breiten Form leicht gesalzenes Wasser im Mikrowellenherd in 6–7 Minuten bei *100* zum Kochen bringen. Die Knödelchen einlegen und geschlossen in etwa 4–5 Minuten bei *100* ziehen lassen. Aus dem Herd nehmen, die Knödel wenden und noch 5 Minuten ruhen lassen. Mit einem Sieblöffel herausnehmen, in einer vorgewärmten Schüssel anrichten und mit gebräunter Butter begießen.
Dazu Gemüse, Salate oder Kompotte reichen.

Gesamtgarzeit: 4–5 Minuten

Quarkküchlein mit Kümmel

125 g Quark
125 g Mehl
½ Päckchen Backpulver
1 Eigelb
etwas Salz

Zum Bestreichen:
1 verquirltes Eigelb
Zum Bestreuen:
etwas Kümmel und Paprika

Mehl mit dem Backpulver vermischen und auf dem Brett mit allen anderen Zutaten zu einem glatten Teig verarbeiten. Daraus 8 kleine Plätzchen formen. Auf einer Grillplatte anordnen, mit Eigelb bestreichen und mit Kümmel bestreuen. In den Mikrowellenherd stellen. In 3 Minuten erst bei *50*, dann 2 Minuten bei *100* und noch etwa 1–2 Minuten bei *75* garen lassen. Die fertigen Küchlein mit Paprika bestreuen. Zu heißem Tee oder kaltem Bier reichen.
Sie schmecken auch zu Sauerkraut gut.

Gesamtgarzeit: etwa 7 Minuten

Suppen

Zu beachten ist: Durch die unterschiedlichen Ausstattungen der im Handel angebotenen Mikrowellenherde können nur Durchschnittseinstellungen und Durchschnittszeiten angegeben werden. Einstellungstechnik je nach Gerät, Zeitenerklärung siehe »Anweisungen und Regeln«, Seite 16 ff.

Alle in den folgenden Rezepten angegebenen Zeitangaben hängen von der Ausgangstemperatur, der Beschaffenheit und der Menge der jeweiligen Speise ab. Sie können dadurch geringen Schwankungen unterliegen.

Grundregeln bei Mengenveränderung:

Doppelte Menge – doppelte Zeit,
halbe Menge – halbe Zeit.

Geschirr:

Gefäße aus Glas, Porzellan – ohne Metallverzierungen – sowie aus nicht zu dünner und fest gebrannter Keramik mit Deckel.

Fertigsuppen aus dem Tiefkühlgerät:

1 l Suppe zugedeckt und bei Auftauautomatik oder erst bei *30*, dann bei *80* in etwa 5–7 Minuten auftauen und erhitzen. Während der Auftauzeit ein- bis zweimal umrühren, um ein gleichmäßiges Auftauen zu erreichen.

Fertigsuppen aus Dosen:

Doseninhalt in ein passendes Gefäß gießen, nach Vorschrift die Flüssigkeit dazugeben und zugedeckt – je nach Menge und Ausgangstemperatur – in etwa 3–9 Minuten bei *100* erhitzen.

Fertigsuppen aus Päckchen:

In ein passendes Gefäß den Inhalt des Päckchens (2 Portionen) mit ½ l lauwarmem Wasser verrühren (auch bei Zubereitungsangabe mit kochendem Wasser), zugedeckt in 3–4 Minuten bei *100* zum Kochen bringen und bei *30* fertiggaren. Während und nach der Garzeit – diese richtet sich nach der Zubereitungsangabe – die Suppe umrühren.

Fertige Fleischbrühe:

Will man in eine Brühe z. B. Reis oder Teigwaren einkochen, kann man Brühe und gewünschte Einlage gleichzeitig in das passende Gefäß geben, zugedeckt bei *100* zum Kochen bringen und offen bei *30* fertiggaren. Während der Garzeit – diese richtet sich nach der Einlage – die Suppe umrühren.

Anmerkung:

Beim traditionellen Kochen einer Suppe rechnet man immer etwas mehr Flüssigkeit, weil Flüssigkeit beim Kochen verdampft. Im Mikrowellenherd ist dies nicht der Fall.

Gemüsesuppe, einfach

(2 Personen)

200 g verschiedene frische Gemüse je nach Jahreszeit feinstgehackt
1 EL feingehackte Zwiebel
1 EL Öl
½ l fertige heiße Brühe
1 EL gehackte Petersilie

In einem passenden Gefäß Öl, Gemüse und Zwiebel geschlossen im Mikrowellenherd bei *100* etwa 3 Minuten andünsten. Dann mit Brühe auffüllen, bei gleicher Einstellung in etwa 2–4 Minuten zum Kochen bringen und 4–6 Minuten bei *30* fertig garen. Mit Petersilie bestreut anrichten.

Gesamtgarzeit: 9–11 Minuten

Gemüsesuppe, gebunden

1 Rezept Gemüsesuppe einfach

In die fertige Gemüsesuppe 1 EL Instantmehl einrühren. 1 Eigelb mit 2 EL Sahne verrühren und die Suppe damit legieren.

Fleischbrühe

500 g mageres Suppenfleisch
¾ l Wasser
1 TL Salz
1 mittelgroße Zwiebel
1 Bund Suppengrün
Suppenwürze

Das Fleisch in 2–3 Teile zerkleinern. In eine große Auflaufform oder Glasschüssel legen. Mit Wasser und Salz im Mikrowellenherd zugedeckt bei *100* in etwa 12–16 Minuten zum Kochen bringen. Dann erst die Zwiebel und das geputzte, eventuell kleingeschnittene Suppengemüse (wenn es in der Brühe bleiben soll) zugeben und bei gleicher Leistungsstufe wieder zum Kochen bringen. Bei *30* etwa 70 Minuten garen. Aus dem Herd nehmen und die Brühe 10 Minuten ruhen lassen. Die Suppe nach Wunsch mit etwas kochendem Wasser verlängern. Dann erst durch ein Sieb gießen, abschmecken und eine beliebige Einlage einkochen oder nur einstreuen.

Gesamtgarzeit: etwa 90 Minuten

Fleischbrühe mit Eiertropfen

2 Eier
½ Tasse Mehl
etwas Salz
eine Spur Safran zum Färben
1 l Fleischbrühe

Eier mit Mehl und Salz verquirlen. Mit Safran färben und glattschlagen. In eine passende Porzellan- oder Glasschüssel mit sehr heißem Wasser oder heißer Brühe tropfen lassen und in den Mikrowellenherd stellen. Die Eiertropfen bei *100* aufkochen, aus dem Herd nehmen und 10 Minuten zugedeckt stehen lassen. Wenn die Eiertropfen in Wasser gekocht wurden, sie mit einem Schöpflöffel herausnehmen und in die Fleischbrühe legen.

Gesamtgarzeit: 1–2 Minuten

Fleischbrühe mit Biskuitwürfeln

40 g Margarine
2 kleine Eier
40 g Mehl
1 Msp Backpulver
2 EL Milch
Salz
1 Prise Muskat
1 l Fleischbrühe

Margarine mit den Eiern schaumig rühren, abwechselnd Mehl und Milch beigeben und den Teig mit Salz und Muskat würzen. In eine längliche Porzellan- oder Glasform füllen und etwa 4 Minuten bei *50* backen. Aus dem Herd nehmen und 10 Minuten zugedeckt stehen lassen. Danach in mundgerechte Würfel schneiden und in die heiße Brühe einlegen.

Gesamtgarzeit: etwa 4 Minuten

Lauchsuppe

200 g gewaschener, in dünne Ringe geschnittener Lauch
20 g Butter oder Margarine
30 g Mehl
etwas Salz und Paprika
1 l heißes Wasser oder Würfelbrühe
10 g frische Butter
Zum Bestreuen:
1 EL gehackte Petersilie

Lauch und Fett in eine Porzellan- oder Glasschüssel geben und im Mikrowellenherd zugedeckt 3–4 Minuten bei *100* dünsten. Mit Mehl bestäuben, mit Salz und Paprika würzen und mit der Flüssigkeit auffüllen. Bei *100* etwa 5–6 Minuten fertig garen lassen. Die Butter unterrühren und mit Petersilie bestreut anrichten.

Gesamtgarzeit: etwa 15 Minuten

Haferflockensuppe

60 g Haferflocken
2 EL Margarine oder Öl
100 g in feine Ringe geschnittener Lauch
100 g geriebene Karotte
¾ l warmes Wasser
Salz
Suppenwürze
1 EL gehackte Petersilie

Bräunungsgeschirr 2 Minuten bei *100* vorheizen. Fett und Haferflocken hineingeben und 2 Minuten bei *100* leicht anbräunen lassen. Die Gemüse hinzutun, alles gut durchrühren und das Wasser angießen. Zugedeckt in den Mikrowellenherd stellen und 5–6 Minuten bis zum Kochpunkt erhitzen. Danach die Suppe umrühren und 7–8 Minuten bei *50* kochen. Aus dem Herd nehmen, mit Salz und Suppenwürze abschmecken und mit Petersilie bestreut zu Tisch geben.

Gesamtgarzeit: 14–16 Minuten

Leberspätzlesuppe

¾ l fertige Fleischbrühe (Zimmertemperatur)
250 g tiefgefrorene Leberspätzle
1 EL gehackte Petersilie

Die Fleischbrühe in einem hohen Gefäß offen in den Mikrowellenherd stellen und bei *100* in etwa 4–7 Minuten zum Kochen bringen. Dann die gefrorenen Leberspätzle hineingeben und bei *100* in 5–7 Minuten garen. Aus dem Herd nehmen und vor dem Servieren mit gehackter Petersilie bestreuen.

Gesamtgarzeit: 9–14 Minuten

Französische Karottensuppe

200 g geriebene Karotten
30 g Butter oder Margarine
30 g Mehl
1 l Wasser (Zimmertemperatur)
200 g Blumenkohlröschen
Salz
Suppenwürze
2 EL Sahne
1 EL gehackte Petersilie

Karotten mit dem Fett in ein hohes Glas- oder Porzellangefäß geben. Zugedeckt 2 Minuten bei *100* in den Mikrowellenherd stellen. Herausnehmen, mit Mehl bestäuben, salzen, gut verrühren und $\frac{1}{4}$ l Wasser angießen. 3 Minuten bei *100* zugedeckt in den Herd stellen. Danach das restliche Wasser und die Blumenkohlröschen dazugeben. Gut umrühren und etwa 6 Minuten bei *100* wieder in den Mikrowellenherd stellen. Die Suppe muß sich bis zum Kochpunkt erhitzen. Danach 3–5 Minuten bei *75* garen. Aus dem Mikrowellenherd nehmen und zugedeckt 5 Minuten ruhen lassen. Mit Suppenwürze abschmecken, mit Sahne verfeinern und mit Petersilie bestreut servieren.

Gesamtgarzeit: etwa 15 Minuten

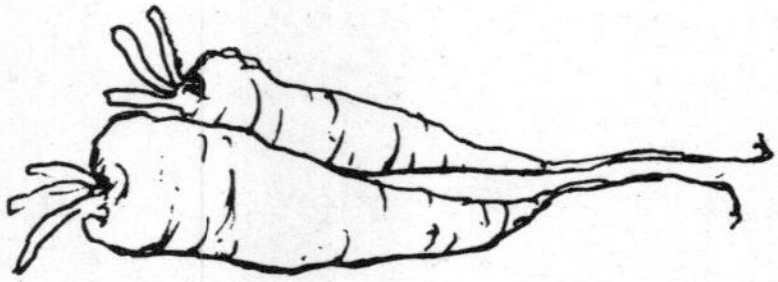

Weinsuppe

½ l Wasser (Zimmertemperatur)
25 g Stärkemehl
1 Stückchen dünn abgeschälte Schale einer ungespritzten Zitrone
etwa 3 EL Zucker
½ l Weiß- oder Apfelwein (Zimmertemperatur)

In einem hohen Glas- oder Porzellangefäß das Stärkemehl mit ⅛ l von der angegebenen Wassermenge anrühren. Zugedeckt in den Mikrowellenherd stellen und 2 Minuten bei *100* erhitzen. Während dieser Zeit einmal umrühren. Dann das restliche Wasser, die Zitronenschale und den Zucker beifügen, gut verrühren und zugedeckt etwa 4–5 Minuten bei *100* bis zum Kochpunkt erhitzen. Danach den Wein hinzugeben, nochmals zugedeckt in den Mikrowellenherd stellen und etwa 3 Minuten bei *100* heiß werden lassen. Die Suppe darf aber nicht mehr kochen. Zitronenschale entfernen, heiß oder kalt zu Tisch geben.
Dazu kleine Makrönchen reichen.

Gesamtgarzeit: 9–10 Minuten

Anmerkung:
Weinsuppe kann auch aus Rotwein zubereitet werden, wobei 1 Stückchen Zimtstange mitgekocht wird, die dann vor dem Servieren entfernt werden muß.

Avocadosuppe

(3–4 Portionen)

20 g Butter oder Margarine
1 TL geriebene Zwiebel
20 g Mehl
¾ l fertige heiße Fleischbrühe
1 EL Tomatenmark
Salz und Pfeffer
1 Avocado
4–5 EL süße Sahne

Die Butter oder Margarine im Mikrowellenherd erhitzen, geriebene Zwiebel hineingeben, bei *100* etwa 1 Minute dünsten, Mehl einstreuen, durchrühren und mit der Brühe auffüllen. Geschlossen bei *100* in etwa 5–6 Minuten zum Kochen bringen, die Suppe während dieser Zeit ab und an durchrühren. Dann bei *30* in etwa 4 Minuten fertig garen. Mit Tomatenmark, Salz und Pfeffer abschmecken. Das Avocadofleisch pürieren, mit der Sahne gut verschlagen und unter die Suppe mischen. Alles nochmals kurz im Mikrowellenherd ½ Minute bei *100* erhitzen, aber nicht kochen lassen. Dazu geröstete Semmelwürfel reichen.

Gesamtgarzeit: 10½ Minuten

Spargelsuppe

¾ l Spargelwasser
30 g Butter
30 g Mehl
Salz
1 Prise Muskat
125 g Spargelstückchen
1 Eigelb
2–3 EL Sahne
Zum Abschmecken:
einige *Tropfen Zitronensaft*
1 EL gehackte Petersilie

In einem hohen Gefäß das Spargelwasser im Mikrowellenherd bei *100* in 3–5 Minuten zum Kochen bringen. Inzwischen die Butter mit dem Mehl verkneten, die kochende Flüssigkeit aus dem Herd nehmen und die Mehlbutter einrühren. Die Suppe wieder in den Herd zurückstellen und bei 100 bis zum Kochpunkt, etwa 2–4 Minuten erhitzen. Mit Salz und Muskat würzen, die Spargelstücke hineingeben und 2–4 Minuten bei *50* fertig garen. Aus dem Herd nehmen, das mit der Sahne verrührte Eigelb unterrühren, mit Zitronensaft und Petersilie abschmecken.

Gesamtgarzeit: etwa 7–8 Minuten

Blumenkohlsuppe

¾ l Blumenkohlkochwasser
30 g Butter
30 g Mehl
Salz
1 Prise Muskat
125 g Blumenkohlröschen
1 Eigelb
2–3 EL Sahne
Zum Abschmecken:
einige Tropfen Zitronensaft
1 EL gehackte Petersilie
oder gehackten
Schnittlauch

Zubereitung und Garzeit wie Spargelsuppe (s. oben).

Selleriesuppe

¾ l Selleriekochwasser
30 g Butter
30 g Mehl
1 Eigelb
2–3 EL Sahne
Zum Abschmecken:
einige Tropfen Zitronensaft

Zubereitung und Garzeit wie Spargelsuppe (s. oben).
Geröstete Semmelbrösel dazu reichen.

Gurkensuppe

1 Salatgurke von etwa 300 g
30 g geräucherte Speckwürfel
2 EL gehackte Zwiebel
125 g gehackter Sauerampfer
Salz, Pfeffer
1 Prise Zucker
½ l warme Würfelbrühe
2 EL Crème fraîche

Gurke schälen und in kleine Würfel schneiden. Bräunungsgeschirr 2 Minuten bei *100* vorheizen. In der gespeicherten Hitze Speckwürfel und Zwiebel unter Rühren darin rösten. Gurkenwürfel und Sauerampfer hinzufügen, alles gut vermischen und zugedeckt etwa 5 Minuten bei *100* dünsten. Mit Würfelbrühe auffüllen und zugedeckt noch etwa 3 Minuten bei *100* bis zum Kochpunkt erhitzen. Aus dem Mikrowellenherd nehmen und zugedeckt 5 Minuten ruhen lassen. Mit Salz, Pfeffer und Zucker abschmecken, mit Crème fraîche verfeinert zu Tisch geben.

Gesamtgarzeit: etwa 8 Minuten

Pikante Tomatensuppe

1 EL Öl
1 EL geriebene Zwiebel
60 g geriebener Sellerie
½ l Tomatensaft
Salz
Pfeffer aus der Mühle
2 EL dicker Sauerrahm

Öl, Zwiebel und Sellerie in das Bräunungsgeschirr oder eine Auflaufform geben, gut vermischen und zugedeckt 1 Minute bei *100* dünsten. Das Geschirr aus dem Mikrowellenherd nehmen und langsam den zimmerwarmen Tomatensaft einrühren. Zudecken, wieder in den Herd stellen und in etwa 5 Minuten bis zum Kochen erhitzen. Aus dem Herd nehmen, mit Salz und Pfeffer abschmecken, in Portionsschalen oder Teller verteilen und jede Portion mit einem Klecks Sauerrahm krönen.

Gesamtgarzeit: etwa 6 Minuten

Anmerkung:
Diese Suppe schmeckt auch eisgekühlt sehr gut.

Tomatensuppe nach französischer Art

1 EL Schweineschmalz
150 g in feine Scheiben geschnittene Zwiebeln
2 zerdrückte Knoblauchzehen
250 g reife, geschälte und geviertelte Tomaten
100 g in Ringe geschnittener Lauch
50 g in Würfel geschnittener Sellerie
1 Zweiglein Petersilie
½ Lorbeerblatt
Salz
1 Msp Thymian
1 l heißes Wasser oder heiße Brühe (Würfel)
4 kleine Weißbrotscheiben ohne Rinde

In einem passenden Gefäß Schweineschmalz und Zwiebeln im Mikrowellenherd zugedeckt bei *100* etwa 5–7 Minuten dünsten, dann Knoblauch und Tomatenviertel zugeben und bei *100* weitere 2–4 Minuten dünsten. Anschließend Lauch, Sellerie, Petersilienzweiglein, Lorbeerblatt, Salz und Thymian beigeben, mit heißem Wasser oder heißer Brühe auffüllen und zugedeckt bei *100* in etwa 3–5 Minuten zum Kochen bringen und in etwa 3–5 Minuten bei *50* fertig garen. Die Suppe abschmecken, in 4 Suppenschälchen je eine Weißbrotscheibe legen und die fertige Suppe, durch ein Sieb gestrichen, darüber verteilen.

Gesamtgarzeit: 15–20 Minuten

Anmerkung:
Diese Suppe kann auch mit Tomatenmark und 2–3 EL Sahne abgeschmeckt werden.

Käsesuppe

1 l warme Würfelbrühe
2 EL Mehl
100 g geraffelter Gruyère
Salz nach Bedarf
weißer Pfeffer aus der Mühle
2 Eier
1 EL feingeschnittener Schnittlauch

Das Mehl mit ⅛ l Brühe verrühren und im geschlossenen Mikrowellenherd in einem hohen Glas- oder Porzellangefäß in etwa 2–3 Minuten bei *100* zum Kochen bringen. Während dieser Zeit einmal umrühren. Aus dem Herd nehmen, den Käse einrühren und mit der restlichen Brühe auffüllen. Zudecken und wieder in den Herd stellen. Etwa 5–6 Minuten bei *100* bis zum Kochpunkt erhitzen. Mit Salz und Pfeffer abschmecken. In einer erwärmten Suppenschüssel die Eier verschlagen, die heiße Suppe darübergießen und mit Schnittlauch bestreut anrichten.
Dazu geröstete Semmelwürfel reichen.

Gesamtgarzeit: 7–9 Minuten

Fischsuppe

250 g Kabeljaufilet
etwas Zitronensaft und Salz
30 g weiche Butter oder Margarine
2 zerdrückte Knoblauchzehen
30 g Mehl
⅝ l Würfelbrühe
je 50 g geriebene Karotte und Sellerie
100 g in Ringe geschnittener Lauch
Salz, Pfeffer
Thymian
1 TL Paprikamark
⅛ l Sahne
1 EL gehackte Petersilie

Fischfilet in kleine Würfel schneiden, mit Zitronensaft beträufeln und mit Salz bestreuen. In einem hohen Glas- oder

Porzellangefäß die Butter oder Margarine mit dem Mehl und Knoblauch vermischen, mit ¼ l Brühe und den vorbereiteten Gemüsen verrühren und zugedeckt etwa 5–6 Minuten bei *100* in den Mikrowellenherd stellen. Während dieser Zeit das Gericht einmal umrühren. Die Suppe muß bis zum Kochpunkt erhitzt sein. Dann etwa 4 Minuten bei *50* garen. Die Fischwürfel einlegen, Salz, Pfeffer und Thymian beifügen. Wieder in etwa 3–5 Minuten bei *100* bis zum Kochpunkt erhitzen und den Fisch in 3–5 Minuten garen. Aus dem Herd nehmen und 5 Minuten geschlossen ruhen lassen. Mit der Sahne verfeinern und mit Petersilie bestreut servieren.

Gesamtgarzeit: 15–17 Minuten

Geflügelsuppe

200 g feingewiegte Geflügelreste
20 g Butter oder Margarine
1 EL gehackte Zwiebel
1 EL Mehl
1 l heiße Hühnerbrühe (auch aus einem Würfel)
2 EL Weißwein oder
2–3 EL Sahne
1 EL gehackte Petersilie

Das Bräunungsgeschirr im Mikrowellenherd bei *100* 2 Minuten vorheizen. Butter oder Margarine, Zwiebel und Mehl hineingeben und bei *100* offen 2–3 Minuten leicht anbräunen. Geflügelfleisch zufügen, gut durchrühren, mit Brühe auffüllen, zugedeckt bei *100* in etwa 4–6 Minuten zum Kochen bringen (dazwischen ab und zu umrühren) und etwa 3–5 Minuten bei *50* fertig garen. Aus dem Herd nehmen, nach Wunsch mit Wein oder Sahne abschmecken und mit Petersilie bestreut anrichten.

Gesamtgarzeit: 7–9 Minuten

Hirnsuppe
(3–4 Personen)

200 g Kalbshirn
20 g Butter
30 g Mehl
Salz
½ l warmes Wasser oder warme Brühe
1 Eigelb, verrührt mit
2 EL Sahne oder Milch
einige Tropfen Zitronensaft
1 EL gehackte Petersilie

Das blanchierte, von Blutgerinnseln befreite Hirn fein hacken und mit der Butter in ein hohes Gefäß geben. Im Mikrowellenherd bei *100* 1½–3 Minuten andünsten, das Mehl unterrühren, mit warmem Wasser oder warmer Brühe auffüllen und bei *100* in etwa 2½–3½ Minuten zum Kochen bringen. Auf *50* schalten und in etwa 3–5 Minuten fertig garen. Aus dem Herd nehmen, mit Eigelb und Sahne legieren, mit Zitronensaft abschmecken und mit Petersilie bestreut servieren.

Gesamtgarzeit: 7–8 Minuten

Gulaschsuppe

200 g gehackte Zwiebeln
2 EL Öl
200 g kleingewürfeltes Rindfleisch (Bug oder Keule)
Salz
Paprika (edelsüß)
gemahlener Kümmel nach Geschmack
½ Lorbeerblatt
1 l heiße fertige Brühe (Würfel)
1 EL Tomatenmark
200 g kleingeschnittene Kartoffeln
2–3 EL Sahne

Das Bräunungsgeschirr im Mikrowellenherd bei *100* 2 Minuten vorheizen. Zwiebeln mit dem Öl hineingeben und bei

100 1–2 Minuten anbräunen lassen. Dann die Fleischwürfel zufügen und zugedeckt bei *100* etwa 5–7 Minuten dünsten. Das Fleisch mit Salz, Paprika und Kümmel würzen, Lorbeerblatt und Brühe zugeben und zugedeckt bei *50* etwa 10–13 Minuten kochen lassen. Danach Tomatenmark und Kartoffeln untermischen, bei *100* zugedeckt in etwa 2–4 Minuten zum Kochen bringen und etwa 3–6 Minuten bei *50* fertig garen. Aus dem Herd nehmen und mit der Sahne, evtl. noch etwas Salz, abschmecken.

Gesamtgarzeit: 25 Minuten

Zwiebelsuppe

300 g Zwiebeln, in feine Ringe geschnitten
2 EL Olivenöl oder Butter
etwas Salz und weißer Pfeffer
¾ l heiße Gemüse- oder Fleischbrühe
2 EL Sahne
1 EL frischer Tomatensaft oder 1 TL Tomatenmark
4 TL geriebener Käse

In einem passenden Gefäß Zwiebelringe in Öl und Butter, mit Salz und Pfeffer bestreut, bei *100* zugedeckt etwa 5–7 Minuten dünsten. Die heiße Brühe angießen und bei *30* in etwa 4–6 Minuten fertig garen. Die Suppe mit Sahne, Tomatensaft oder Tomatenmark abschmecken, in Portionsschälchen anrichten und mit Käse bestreut servieren.

Gesamtgarzeit: 9–13 Minuten

Wildsuppe

(Diese Suppe ist nur im Bräunungsgeschirr herzustellen)

30 g Fett oder Öl
1 EL gehackte Zwiebel
40 g Mehl
1 Msp Paprikagewürz
¾ l heiße Wildknochenbrühe
Salz, Pfeffer
etwas Rotwein
2–3 EL süße Sahne

Bräunungsschüssel bei *100* 8 Minuten vorheizen. Das Geschirr aus dem Herd nehmen, Fett oder Öl, Zwiebel und Mehl darin bräunen lassen. Das Paprikagewürz unterrühren, mit Brühe auffüllen, gut durchschlagen und in den Mikrowellenherd stellen. Zudecken und etwa 4–6 Minuten bei *100*, anschließend unter Beigabe der Wildreste 4½–6½ Minuten bei *50* garen. Mit Rotwein und Sahne abschmecken.

Gesamtgarzeit: 10 Minuten

Saucen

Schon jahrhundertelang spielt in der Kochkunst die Zubereitung von Saucen eine große Rolle. Nie konnten Saucen originell und kompliziert genug sein. Sie müssen das Gericht, zu dem sie gehören, richtig umschmeicheln. Ein französisches Sprichwort sagt: »Viel Sauce, schlechter Koch; wenig Sauce, guter Koch.«
Demnach müßten die Saucen aus dem Mikrowellenherd besonders gut gelingen. Versuchen Sie es und variieren Sie weitere, dann haben Sie bald Ihre Lieblingssauce erfunden!

Alle in den folgenden Rezepten angegebenen Zeitangaben hängen von der Ausgangstemperatur, der Beschaffenheit und der Menge der Saucen ab. Es können dadurch geringe Schwankungen eintreten.

Grundregel bei Mengenveränderung:

Doppelte Menge – doppelte Zeit,
halbe Menge – halbe Zeit.

Geschirr:

Höhere Gefäße aus Glas, Porzellan und fester Keramik. Für Saucen mit dunkler Einbrenne das Bräunungsgeschirr.

Einstellungstechnik je nach Gerät, Zeitenerklärung siehe Seite 16 ff., »Anweisungen und Regeln«.

Helle Sauce (Grundrezept)

30 g Butter oder Margarine
30 g Mehl
je ¼ l Milch und Wasser (knapp bemessen)
etwas Salz
1 Prise Pfeffer

Butter oder Margarine im Mikrowellenherd auf *30* in 30 Sekunden schmelzen, das Mehl unterrühren und etwa 1–2 Minuten durchschwitzen lassen. Aus dem Mikrowellenherd nehmen und unter kräftigem Schlagen die Flüssigkeit einrühren. Wieder in den Herd stellen, bei *100* in etwa 2½–4 Minuten zum Kochen bringen und bei *30* in 2 Minuten fertig garen.

Käsesauce

1 Rezept »Helle Grundsauce«
60 g geriebener Emmentaler oder Edamer Käse

Nach dem Grundrezept zubereiten und in der fertigen Sauce den Käse schmelzen lassen.

Kräutersauce

1 Rezept »Helle Grundsauce«
1–2 EL Sahne
3 EL feingehackte verschiedene Kräuter

Nach Grundrezept zubereiten. In die fertige Sauce Sahne und Kräuter einrühren.

Dillsauce

1 Rezept »Helle Grundsauce«
1 Prise Zucker
1–2 EL Sahne
Zitronensaft nach Geschmack
3 EL feingehacktes Dillkraut

Nach Grundrezept zubereiten. Die fertige Sauce mit Zucker, Sahne, Zitronensaft abschmecken und das Dillkraut unterrühren.

Sauerampfersauce

250 g geputzter Gartensauerampfer
Mehlbutter von 25 g Butter und 1 EL Mehl
Salz
1 Prise Zucker
2–3 EL Sahne

Den vorbereiteten Sauerampfer grob hacken und ohne jegliche Beigabe in eine passende Auflaufform geben. Zudekken und etwa 3–4 Minuten im Mikrowellenherd bei *100* garen. Während dieser Zeit den Sauerampfer einmal umrühren. Die Mehlbutter einrühren, mit Salz und Zucker wür-

zen und zugedeckt 2 Minuten bei *100* fertig garen. Mit der Sahne verfeinern.
Schmeckt sehr gut zu gekochtem Rindfleisch und gedünstetem Reis.

Gesamtgarzeit: etwa 6 Minuten

Champignonsauce

30 g weiche Butter oder Margarine
30 g Mehl
1 EL gehackte Zwiebel
100 g frische Champignons
3/8 l Wasser (Zimmertemperatur)
etwas Salz und Pfeffer
2 EL Sahne
1 EL feingehackte Petersilie

In einem höheren Glas- oder Porzellangefäß die Butter oder Margarine mit der Zwiebel im Mikrowellenherd 1½ Minuten bei *100* dünsten, Champignons putzen, waschen, in dünne Scheibchen schneiden, zu der Zwiebel geben und nochmals 1 Minute bei *100* dünsten. Das Gefäß aus dem Mikrowellenherd nehmen, Champignons mit Mehl bestäuben, gut verrühren und das Wasser langsam hinzufügen. Die Sauce salzen, zudecken und etwa in 3–4 Minuten bei *100* zum Kochen bringen. Danach 3–4 Minuten bei *50* fertig garen. Die Sauce aus dem Herd nehmen, mit Salz und Pfeffer abschmecken, mit Sahne verfeinern und die Petersilie darunterrühren.

Gesamtgarzeit: 8½–10 Minuten

Tomatensauce

30 g Fett oder Öl
1 gehackte Zwiebel
1 zerdrückte Knoblauchzehe
1 kleine Dose Tomatenmark
¼ l heiße Brühe (Würfel)
einige EL Milch oder Sahne
Salz, Pfeffer
nach Bedarf Zitronensaft oder Essig und etwas Zucker

In einem passenden Gefäß Fett oder Öl im Mikrowellenherd bei *30* erhitzen, gehackte Zwiebel und zerdrückte Knoblauchzehe zugeben und etwa 1 Minute durchschwitzen lassen. Das Tomatenmark einrühren, mit Brühe auffüllen und im Mikrowellenherd in ½ Minute bei *100* garen. Herausnehmen, nach Wunsch durch ein Sieb streichen, mit Milch oder Sahne verfeinern und abschmecken. Wenn nötig, nochmals kurz im Mikrowellenherd erwärmen.

Gesamtgarzeit: 4½–6 Minuten

Béchamelsauce

40 g Butter
30 g Mehl
½ l Milch
1 TL Senf (scharf)
Salz, Pfeffer
etwas Muskat

Butter ½ Minute bei *30* schmelzen lassen. Das Mehl einrühren und 30 Sekunden durchschwitzen. Aus dem Mikrowellenherd nehmen. Inzwischen in einem Gefäß die Milch offen 2–3 Minuten bei *100* erhitzen und mit Hilfe eines Schneebesens die heiße Milch in die Einbrenne einschlagen (nicht mit dem Schneebesen im Mikrowellenherd arbeiten!). Die Sauce zurück in den Herd stellen und 3–4 Minuten bei *50* fertig garen.

Zwischendurch mit einem Holzlöffel durchrühren. Die fertige Sauce mit Senf, Salz, Pfeffer und Muskat abschmecken.

Gesamtgarzeit: 5½ Minuten

Veränderungen:
In die fertige Sauce 1 kleingewürfelte Gewürzgurke geben
- 2 EL gehackte Kapern mischen
- 1–3 EL geriebenen Meerrettich rühren. In diesem Falle Senf, Pfeffer und Muskat weglassen und mit etwas Zucker, Zitronensaft und Sahne abschmecken.

Jägersauce

40 g Butter oder Margarine
100 g Champignons
2 EL gehackte Zwiebeln
1 Gläschen herben Weißwein
½ Rezept »Helle Grundsauce«
2 EL feingehackte Petersilie
Salz, Pfeffer

Butter oder Margarine im Mikrowellenherd ½ Minute bei *30* schmelzen lassen. Geputzte, gewaschene und in feine Scheiben geschnittene Champignons und die gehackten Zwiebeln hineingeben und etwa 2–3 Minuten bei *50* dünsten. Den Wein, die fertige Grundsauce unterrühren, alles im Mikrowellenherd bei *100* etwa in 3½–4½ Minuten erhitzen. Unter die fertige Sauce die Petersilie rühren und mit Salz und Pfeffer abschmecken.

Gesamtgarzeit: 5½–7½ Minuten

Teufelssauce

1 große gehackte Zwiebel
2 EL gehackter grüner Pfeffer
1 Glas Weißwein
½ Glas Estragonessig
½ Rezept »Helle Grundsauce«
Salz
1 EL verschiedene gehackte Kräuter

In einem hohen Gefäß gehackte Zwiebel und gehackten Pfeffer mit Wein und Essig bei *100* in etwa 2½–3½ Minuten zum Kochen bringen und bei *25* etwa 3–5 Minuten im Mikrowellenherd ziehen lassen. Dann die Grundsauce unterrühren und 1–3 Minuten bei *100* bis zum Kochpunkt erhitzen. Mit Salz und Kräutern abschmecken.

Gesamtgarzeit: 6½–11½ Minuten

Schinkensauce

1 Rezept »Helle Grundsauce«
200 g in Streifen oder Würfel geschnittener, magerer gekochter Schinken

Die Sauce nach dem Grundrezept zubereiten. Den geschnittenen Schinken in die fertige Sauce geben.
Diese Sauce schmeckt besonders gut zu einer mit Käse bestreuten Gemüseplatte.

Dunkle Sauce (Grundrezept)

(Diese Sauce ist nur im Bräunungsgeschirr herzustellen)

40 g Fett oder Öl
40 g Mehl
½ l heiße Brühe oder heißes Wasser

Bräunungsgeschirr 6 Minuten bei *100* vorheizen. Das Geschirr aus dem Herd nehmen, das Mehl in Fett oder Öl unter

Rühren darin bräunen lassen. Mit Flüssigkeit auffüllen, in den Mikrowellenherd stellen und etwa 3–5 Minuten bei *100*, dann weitere 3–5 Minuten bei *50* garen. Während dieser Zeit ab und zu die Sauce mit einem kleinen Schneebesen durchschlagen, damit keine Klümpchen entstehen. Geschmackszutaten nach jeweiligem Rezept beigeben.

Gesamtgarzeit: 6–10 Minuten

Sauce Robert

20 g Butter oder Margarine
100 g feingehackte Zwiebel
1 EL Zucker
1 EL Mehl
⅛ l Fleischbrühe
⅛ l Weißwein (beides Zimmertemperatur)
abgeriebene Schale ¼ ungespritzten Zitrone

Zum Abschmecken:
etwas scharfer Senf
Essig oder Zitronensaft
Salz, Pfeffer
Tomatenmark oder Tomatenketchup

Das Bräunungsgeschirr im Mikrowellenherd 3 Minuten vorheizen. Butter oder Margarine, Mehl und Zucker hineingeben und ohne den Herd einzuschalten darin etwa 2–3 Minuten dünsten. Dann mit Fleischbrühe und Wein auffüllen, Zitronenschale zugeben, alles gut durchrühren und 4–6 Minuten zugedeckt bei *50* garen. Die Sauce aus dem Herd nehmen, pikant abschmecken, durch ein Sieb streichen und heiß servieren.

Gesamtgarzeit: 6–7 Minuten

Schokoladensauce

100 g Schokolade (am besten zartbittere)
⅛ l Milch
1 Päckchen Vanillezucker
1 nußgroßes Stück frische Butter

Die Schokolade zerbröckeln, mit der Milch und dem Zucker in einer Schüssel, nicht zugedeckt, bei *50* in etwa 2½–6 Minuten im Mikrowellenherd erhitzen, bis die Schokolade geschmolzen ist. Aus dem Herd nehmen und die Butter mit einem Schneebesen gut einschlagen.

Gesamtgarzeit: 2½–6 Minuten

Fruchtgeleesauce

⅛ l beliebiges Gelee (Apfel, Himbeer, Johannisbeer oder Brombeer)
3 EL Wasser
1 Prise Salz
einige Tropfen Zitronensaft

Alle Zutaten in einer Glasschüssel verrühren und offen im Mikrowellenherd bei *30* schmelzen. Danach gut durchrühren und je nach Bedarf heiß oder kalt servieren.

Gesamtgarzeit: 1–4 Minuten

Weinschaumsauce

¼ l Weißwein
1 Ei
2 Eigelb
etwa 50 g Zucker
1 TL Stärkemehl
einige Tropfen Zitronensaft

In einem hohen Gefäß alle Zutaten gut verquirlen. Offen im Mikrowellenherd bei *50* in etwa 3–6 Minuten erhitzen, aber nicht kochen lassen. Während dieser Zeit die Sauce zweimal aus dem Herd nehmen und mit einem Schneebesen durchschlagen.

Gesamtgarzeit: 3–6 Minuten

Zimtsauce

Zu gedünsteten Birnen, Äpfeln oder zu Vanilleeis

⅛ l Milch
1 Stückchen Zimtstange
1 Nelke
1 EL Zucker
⅛ l Schlagsahne, gesüßt mit 1 TL Zimtzucker

Milch mit allen Zutaten, außer der Schlagsahne, bei *100* in einem höheren Gefäß offen 1¾–3 Minuten im Mikrowellenherd bis an den Kochpunkt erhitzen. Aus dem Herd nehmen, Zimtstange und Nelke entfernen. Erkalten lassen und dann die mit Zimtzucker gewürzte, steifgeschlagene Sahne unterziehen.

Gesamtgarzeit: 1¾–3 Minuten

Ingwersauce

¼ l Wasser
1 Prise Salz
2 EL Zucker
1 TL Stärkemehl
½–1 gehackte kandierte Ingwerpflaume
einige Tropfen Zitronensaft
1 nußgroßes Stück frische Butter

Wasser, Salz, Zucker und Stärkemehl verrühren. Offen in einem passenden Gefäß im Mikrowellenherd etwa 3–5 Minuten bei *100* erhitzen. Während dieser Zeit einmal aus dem Herd nehmen und mit dem Schneebesen durchschlagen. Unter die fertige Sauce gehackte Ingwerpflaume, Zitronensaft und die Butter rühren.

Gesamtgarzeit: 3–5 Minuten

Vanillesauce

½ l Milch
15 g Stärkemehl
40 g Zucker
1 Päckchen Vanillezucker
1–2 Eigelb

⅜ l Milch mit dem Stärkemehl, dem Zucker und Vanillezucker in einem hohen Gefäß verrühren und im Mikrowellenherd offen etwa 5–7 Minuten bei *100* bis zum Kochpunkt erhitzen. Während dieser Zeit die Sauce zweimal aus dem Herd nehmen und mit einem Schneebesen durchschlagen. Unter die fertige Sauce erst die Eigelb, dann die restliche Milch schlagen.

Gesamtgarzeit: 5–7 Minuten

Saucen aus Fertigprodukten

1 Päckchen Fertigsauce
¼ l kaltes Wasser

Das Wasser in einem hohen Gefäß offen im Mikrowellenherd bei *100* zum Kochen bringen. Aus dem Herd nehmen, die Fertigsauce einrühren, in den Herd zurückgeben und je nach Vorschrift fertigkochen.

Gesamtgarzeit: 2¾–5 Minuten; richtet sich nach der jeweiligen Kochvorschrift

Fische

Im Mikrowellenherd werden Fische, ob im Ganzen (den sehr großen Fischen ist bedauerlicherweise eine Grenze gesetzt) oder in Portionsstücke geteilt, besonders schmackhaft. Durch das schnelle Garen mit den Mikrowellen bleiben Nähr- und Geschmacksstoffe bestens erhalten. Das Fischfleisch zerfällt nicht und bleibt zart. Die Flüssigkeitszugabe ist nur gering zu bemessen und ebenso das Salz. Bevor die Garzeit beginnt, müssen größere tiefgefrorene Fische – Fischfilet und kleine Fische machen eine Ausnahme – völlig auftauen. Auftauzeiten für Fische siehe Tabelle Seite 268.

Alle in den folgenden Rezepten angegebenen Zeitangaben hängen von der Ausgangstemperatur, der Beschaffenheit und dem Gewicht des Fisches oder der Fischstücke ab. Sie können daher geringen Schwankungen unterliegen.

Grundregel bei Mengenveränderung:

Doppelte Menge – doppelte Zeit,
halbe Menge – halbe Zeit.

Geschirr:

Gefäße aus Glas, Porzellan, fester Keramik mit Deckel und das Bräunungsgeschirr.

Einstellungstechnik je nach Gerät, Zeitenerklärung siehe Seite 16 ff., »Anweisungen und Regeln«.

Forelle blau
(2 Personen)

2 frische, vorbereitete oder tiefgefrorene, aufgetaute Forellen von etwa 350 g
⅛ l heißes, gesalzenes Essigwasser
1 Zweiglein Estragon
Zitronenscheiben
1 EL gehackte Petersilie oder ein Sträußchen Petersilie

Forellen waschen, abtrocknen, Kopf und Schwanz mit einem Holzstäbchen zusammenstecken und in ein passendes Gefäß stellen. Mit dem heißen Essigwasser übergießen und zugedeckt in den Mikrowellenherd stellen. Etwa 7–9 Minuten bei *100* garen. Auf einer vorgewärmten Platte anrichten und mit Zitronenscheiben und Petersilie servieren. Dazu zerlassene oder eisgekühlte Butter und Salzkartoffeln reichen.

Gesamtgarzeit: 7–9 Minuten

Bachforelle mit Kaviar
(2 Personen)

1 Bachforelle von etwa 500 g
etwas Zitronensaft
1 Sträußchen Petersilie
Salz
knapp ⅛ l Wasser
Zitronenscheiben
1 kleine Dose Kaviar
1 Rezept Kräutersauce (siehe Seite 62)

Den Fisch waschen, trockentupfen und von beiden Seiten mit Zitronensaft beträufeln. 5–10 Minuten stehen lassen. In eine passende Schüssel legen. Die Petersilie in den Fisch stecken. Salz im Wasser auflösen und über den Fisch gießen. Zugedeckt etwa 8–12 Minuten bei *100* in den Mikrowellenherd stellen und garen. Nach der Hälfte der angegebenen Garzeit den Fisch wenden. Den fertigen Fisch auf eine vorgewärmte Platte legen, mit Zitronenscheiben umlegen und auf jede Zitronenscheibe einen Löffel Kaviar geben. Alles mit Kräutersauce übergießen und dazu Toast reichen.

Gesamtgarzeit: 8–12 Minuten

Karpfen mit Sardellenbutter

(2 Personen)

1 Karpfen von etwa 850 g
Salz
50 g Sardellenbutter

Den vorbereiteten Karpfen innen und außen mit Salz einreiben. In ein passendes Geschirr auf eine Tasse stellen. Mit Flöckchen von der Sardellenbutter belegen. In den Mikrowellenherd stellen und etwa 22–28 Minuten bei *100* etwa 5–8 Minuten, dann bei *30* fertig garen.
Dazu Salzkartoffeln und grünen Salat reichen.

Gesamtgarzeit: 22–28 Minuten

Grüne Heringe mit Tomaten

4 grüne Heringe
1 EL Zitronensaft
25 g Butter
200 g gehäutete, in Würfel geschnittene feste Tomaten
etwas Salz
½ TL Rosenpaprika
1 Msp Thymian
1 EL Crème fraîche

Heringe ausnehmen, von der Rückengräte befreien, säubern und in etwa 5 cm lange Stücke schneiden. Mit Zitronensaft beträufeln. In einer Glas- oder Porzellanform im Mikrowellenherd die Butter ½ Minute bei *30* schmelzen lassen. Heringsstücke mit den Tomaten hineinlegen und mit Salz und den Gewürzen bestreuen. Zugedeckt in den Mikrowellenherd stellen. Etwa 5 Minuten bei *100* garen. Aus dem Herd nehmen, die Speise mit Crème fraîche verfeinern und mit neuen Kartoffeln als Beilage servieren.

Gesamtgarzeit: etwa 5 Minuten

Heringe in der Folie gegart

4 grüne Heringe
1 EL Zitronensaft
etwas Salz
125 g in Butter und
1 EL gehackter Zwiebel
feingehackte, gedünstete
Champignons
1 EL gehackte Petersilie
4 passende Stücke
Frischhaltefolie

Heringe ausnehmen, von der Rückengräte befreien, säubern und mit Zitronensaft beträufeln, mit Salz bestreuen. Auf jedes Folienstück ½ Hering legen, darauf die Champignonmasse streichen, mit Petersilie bestreuen und mit der zweiten Heringshälfte abdecken. In die Folie einwickeln. Die Heringspakete in eine feuerfeste Form legen und im Mikrowellenherd bei *100* garen. Aus der Folie nehmen und auf gedünstetem Reis anrichten.
Dazu Chicorée-Salat reichen.

Gesamtgarzeit: etwa 10 Minuten

Makrelen auf dänische Art

2 Makrelen von etwa 800 g
Zitronensaft
Zum Sud:
½ l Wasser
1/16 l Weinessig
1 TL Salz
5 Pfefferkörner
200 g geschälte, halbierte
Zwiebeln
1 Sträußchen Petersilie
1 Rezept Käsesauce (siehe
Seite 61)
Zum Belegen:
3 geschälte, halbierte
Tomaten
20 g Butterflöckchen

Makrelen säubern und mit Zitronensaft beträufeln. In ein passendes Gefäß mit allen für den Sud angegebenen Zutaten geben. Im Mikrowellenherd zugedeckt bei *100* etwa 10–14 Minuten garen. Die Makrelen aus dem Sud nehmen (Fischsud kann zur Zubereitung der Käsesauce verwendet werden), die Haut abziehen und in eine leicht gefettete Form legen. Über den Fischen die Käsesauce verteilen, mit halbierten Tomaten umlegen, Schnittfläche nach oben, auf jede Tomatenhälfte ein Butterflöckchen setzen. Alles im Mikrowellenherd bei *100* nochmals etwa 2–3 Minuten erhitzen. Petersilienkartoffeln dazu reichen.

Gesamtgarzeit: 12–17 Minuten

Fischstäbchen, paniert

(2–3 Portionen)

300 g panierte
Fischstäbchen (TK-Produkt)
etwas Öl

Zum Garnieren:
Zitronenspalten

Bräunungsgeschirr im Mikrowellengerät 7 Minuten bei *100* vorheizen. Aus dem Herd nehmen, mit Öl bestreichen und die Fischstäbchen darauflegen. Schnell wieder in den Mikrowellenherd stellen und die Stäbchen auf jeder Seite 3 Minuten bei *100* braten. Mit Zitronenscheiben garniert zu Tisch geben.

Vorheizen: 7 Minuten   Gesamtgarzeit: etwa 6 Minuten

Fischfilet in Käsesauce

400 g beliebiges Fischfilet (Kabeljau, Rot- oder Goldbarsch)
2 EL Zitronensaft
etwas Salz
¼ l Milch
100 g geriebener Käse
100 g Frischkäse
1 EL gehackte Petersilie

Fischfilets – tiefgefrorene auftauen lassen – waschen, trokkentupfen und in Portionsstücke teilen. Mit Salz leicht bestreuen und mit Zitronensaft beträufeln. ¼ Stunde ziehen lassen. In eine passende Glas- oder Porzellanform – die Filets müssen nebeneinander Platz haben – die Milch geben und den Käse darunterrühren. Zugedeckt in den Mikrowellenherd stellen und bei *100* etwa 3 Minuten erhitzen. Danach den Fisch einlegen und bei gleicher Temperatur, zugedeckt, 4 Minuten garen. Nach dieser Zeit das Fischfilet wenden, mit Scheibchen von geteiltem Frischkäse belegen und das Gericht nochmals 4 Minuten bei geschlossener Form fertig garen.
Dazu Salzkartoffeln und grünen Salat reichen.

Gesamtgarzeit: etwa 11 Minuten

Seezungenröllchen in Weißwein

4 Seezungenfilets von etwa 500 g
Zitronensaft
Salz
weißer Pfeffer
30 g Butter oder Margarine
1/10 l Weißwein
1 EL Mehl
½ Lorbeerblatt
1–3 EL frische Sahne
1 EL gehackte Petersilie

Filets waschen, trockentupfen, mit Zitronensaft beträufeln, salzen, leicht mit Pfeffer bestreuen und zusammenrollen.

Mit Zahnstochern zusammenhalten. Die Röllchen mit der Butter in ein passendes Geschirr geben und im Mikrowellenherd bei *100* geschlossen 4–6 Minuten dünsten, dann wenden und 3–4 Minuten bei *30* fertig garen. Die Fischröllchen in Alufolie eingeschlagen warm halten. Für die Sauce das Mehl mit dem Wein verrühren und mit dem Lorbeerblatt in den Fischsaft einrühren. Alles bei *100* offen in 3–4 Minuten erhitzen, während dieser Zeit einmal umrühren. Die Sauce aus dem Herd nehmen, die Sahne zugeben, das Lorbeerblatt entfernen und die Fischröllchen in der Sauce servieren.
Als Beilage Salzkartoffeln und grünen Salat reichen.

Gesamtgarzeit: 10–15 Minuten

Heilbuttschnitten mit Meerrettichsahne

4 Heilbuttschnitten von etwa 500 g
Zitronensaft
Salz
20 g Butter
1 EL gehackte Petersilie

Zur Sauce:
¼ l süße Sahne
2–4 EL geriebener Meerrettich
etwas Salz und Zucker

Fischschnitten mit Zitronensaft beträufeln und leicht mit Salz bestreuen. In ein passendes Geschirr mit der Butter legen und zugedeckt etwa 6–8 Minuten im Mikrowellenherd bei *100* garen. Während dieser Zeit die Schnitten einmal wenden. Vor dem Servieren mit Petersilie bestreuen. Geschlagene Sahne mit allen angegebenen Zutaten vermischen und kalt zu den Fischscheiben reichen.
Dazu Pommes frites oder Salzkartoffeln und grünen Salat reichen.

Gesamtgarzeit: 6–8 Minuten

Schollenfilet mit jungen Gemüsen

(2 Personen)

250–300 g Schollenfilets
Zitronensaft
Salz, Pfeffer
10 g Butter
150 g junge grüne Erbsen (enthülst)
150 g kleine, geschälte Tomaten
1 Tasse geschlagene Sahne
reichlich feingehackte Kräuter

Schollenfilets waschen, abtrocknen, portionieren, mit Zitronensaft beträufeln, mit Salz und Pfeffer würzen. Zusammen mit Butter, Erbsen und Tomaten in ein passendes Gefäß geben und im Mikrowellenherd bei *100* zugedeckt in etwa 5–7 Minuten zum Kochen bringen, danach etwa 3½–6 Minuten bei *30* fertig garen. Aus dem Herd nehmen, die Sahne und Kräuter untermischen und das Gericht noch 5 Minuten zugedeckt stehen lassen.
Dazu Salzkartoffeln und einen grünen Salat reichen.

Gesamtgarzeit: 8½–12 Minuten

Fischfilet in Kräuter- oder Dillsauce

400 g beliebiges Fischfilet
2 EL Zitronensaft
etwas Salz
Sauce:
Kräuter- oder Dillsauce
(siehe Seite 62)

Fischfilets – tiefgefrorene auftauen lassen – waschen, trokkentupfen und in Portionsstücke teilen. Mit Salz leicht bestreuen und mit Zitronensaft beträufeln. ¼ Stunde ziehen lassen. Gewünschte Sauce nach Rezept zubereiten, den Fisch in die Sauce legen, erst bei *100* 4 Minuten, dann bei *50* etwa 5 Minuten garen. Den Fisch aus der Sauce nehmen, die

Sauce mit Sahne und Kräutern verfeinern. Den Fisch in der fertigen Sauce etwa 1 Minute bei *100* kurz erwärmen. Nicht kochen lassen!
Dazu Salzkartoffeln und Tomatensalat reichen.

Gesamtgarzeit für die Sauce: etwa 4½–8 Minuten
Gesamtgarzeit für den Fisch: etwa 10 Minuten

Kabeljau-Röllchen

4 Kabeljaufilets von etwa 400 g
Zitronensaft
2 EL feingeschnittener Schnittlauch
8 Scheiben dünn geschnittener Frühstücksspeck

Zur Sauce:
1 Frischkäse (62,5 g)
1 Tasse geschlagene Sahne
1 EL Tomatenketchup
Salz und Pfeffer

Das Bräunungsgeschirr bei *100* 8 Minuten vorheizen. Filetscheiben mit Zitronensaft beträufeln und mit Schnittlauch bestreuen. Jede Portion auf eine Schinkenspeckscheibe legen und mit einer zweiten abdecken. Zusammenrollen und mit Holzspießchen zusammenstecken. In das erhitzte Bräunungsgeschirr legen und offen bei *100* im Mikrowellenherd etwa 4–6 Minuten anbraten. Während dieser Zeit die Röllchen einmal wenden. Danach zugedeckt 5–7 Minuten bei *30* fertig garen. Aus dem Herd nehmen und 5 Minuten stehen lassen. Die Fischröllchen herausnehmen, in Alufolie warm halten. Für die Sauce die oben angegebenen Zutaten gut vermischen, in den Fischsaft rühren und im Mikrowellenherd bei *100* etwa 2–3 Minuten erwärmen. Die Fischröllchen in die fertige Sauce legen und sofort zu Tisch geben.
Als Beilage Petersilienkartoffeln und grünen Salat reichen.

Gesamtgarzeit: 13–17 Minuten

Seezunge nach amerikanischer Art

4 Seezungenfilets von etwa 500 g
Saft von 2 Orangen
etwas Salz
20 g Butter
1 in dünne Scheiben geschnittene Banane
$\frac{1}{10}$ l Sahne
kernlose Orangenscheiben

Filets waschen, trockentupfen und 10 Minuten im Orangensaft marinieren. Mit der Butter in ein passendes Gefäß legen, leicht salzen, Bananenscheiben darüber verteilen und mit der Sahne übergießen. Im Mikrowellenherd 6–8 Minuten bei *50* geschlossen garen. Mit Orangenscheiben garniert zu Tisch geben.
Als Beilage gedünsteten Reis servieren.

Gesamtgarzeit: 6–8 Minuten

Hecht- oder Zanderschnitten

(2 Personen)

500 g Hecht oder Zander, in 4 Scheiben geteilt
Salz und Pfeffer
1 EL Zitronensaft
50 g in Würfel geschnittener geräucherter Speck
2 EL gehackte Zwiebel
1 TL scharfer Senf
50 g geriebener Parmesankäse
$\frac{1}{8}$ l saure Sahne

Die Fischschnitten säubern, salzen und mit Zitronensaft beträufeln. Bräunungsschüssel 8 Minuten bei *100* vorheizen. In der gespeicherten Hitze Speckwürfel und Zwiebel anrösten, die Fischschnitten mit Senf bestreichen und hineinlegen.

Etwa 8–10 Minuten bei *100* garen. Aus dem Herd nehmen, mit saurer Sahne die Fischschnitten begießen und mit Käse bestreuen. 10 Minuten zugedeckt ruhen lassen.
Dazu mit Petersilie bestreute, gedämpfte Kartoffeln und einen grünen Salat reichen.

Gesamtgarzeit: 8–10 Minuten

Hechtpastete

350 g schieres Hechtfleisch
Salz
¼ l dicke, kalte Béchamelsauce (siehe Seite 64)
⅛ l saure Sahne
1 Ei
2 Eigelb
Zum Überziehen:
1 Rezept Kräutersauce (siehe Seite 62)

Das Fischfilet zweimal durch den Fleischwolf drehen. Mit den Gewürzen und der Béchamelsauce gut durcharbeiten. Dann die Sahne, Ei und Eigelb untermischen. Die Masse in eine ausgebutterte, mit Semmelbröseln ausgestreute Puddingglasform füllen und im Mikrowellenherd bei *30* etwa 6–8 Minuten fertig garen. Aus dem Herd nehmen und noch 5–10 Minuten stehen lassen, dann mit der Kräutersauce überziehen und heiß servieren.
Dazu gedünstete Champignons und Salzkartoffeln reichen.

Gesamtgarzeit: 12–16 Minuten

Seezunge »Müllerin«

(2 Personen)

1 Seezunge von etwa 500 g
etwas Salz und weißer Pfeffer aus der Mühle
1 EL Mehl
30 g Butter
2 EL feingehackte Petersilie

Das Bräunungsgeschirr bei *100* 8 Minuten vorheizen. Den Fisch schuppen, putzen, waschen und abtrocknen, mit Salz und Pfeffer einreiben und mit Mehl bepudern. In das vorgeheizte Bräunungsgeschirr legen und offen bei *100* etwa 5–7 Minuten anbraten. Dann den Fisch wenden und geschlossen etwa 7–9 Minuten bei *50* fertig garen. Mit Petersilie bestreut anrichten.
Dazu heiße braune Butter und Salzkartoffeln reichen.

Gesamtgarzeit: 12–16 Minuten

Fleisch, Geflügel, Wild

Jede Fleischart kann im Mikrowellenherd gebraten oder auf eine andere Zubereitungsart gegart werden.
Fleisch kurz unter kaltem Wasser waschen, mit einem Küchenpapier trockentupfen. Soll ein Fleischstück mürber gemacht werden, geschieht dies durch leichtes Klopfen – nicht nötig bei gut gelagertem Fleisch wie z. B. zartem Filet – oder man bestreicht helles Fleisch mit Zitronensaft, dunkles mit Senf und feinfaseriges mit Öl. Bei manchen Zubereitungsarten wird das Fleisch auch in eine Beize gelegt.
Wenn es erforderlich ist, wird das Fleisch mit einem spitzen Messer enthäutet; von Fett durchwachsene Häute, die den Geschmack des Fleisches beim Braten verbessern und es vor dem Austrocknen schützen, werden nur eingeschnitten.

Zu dicke Fetteile entfernen oder abflachen. Sie speichern zu viel Energie und dadurch wird das Gericht nicht gleichmäßig gar.
Fleisch mit fester Struktur gart länger als Fleisch mit lockerer Struktur. So braucht z. B. ein Schnitzel gleichen Gewichts wie Hackfleisch längere Zeit zum Garen.
Tiefgefrorene Fleischstücke, ob groß oder klein, müssen vor dem Garen gänzlich aufgetaut werden. (Auftauen von Fleisch siehe Tabelle Seite 264.)
Zum Bemessen der Fleischgarzeiten hat die Industrie ein Fleischthermometer nicht mit metallischer Flüssigkeit, die völlig ungiftig ist, erfunden (bei manchen Mikrowellenherden gehört ein Thermometer schon zur Ausrüstung).
Das Thermometer ist eine gute Hilfe zum Garen empfindlicher Fleischsorten. Durch das Messen vermeidet man das Experimentieren mit Garzeit und Temperatur.

Alle in den folgenden Rezepten angegebenen Zeitangaben hängen von der Ausgangstemperatur, der Beschaffenheit und der Menge der jeweiligen Fleischart ab. Sie können dadurch geringen Schwankungen unterliegen.

Grundregel bei Mengenveränderung:

Doppelte Menge – doppelte Zeit,
halbe Menge – halbe Zeit.

Geschirr:

Passende Formen aus Glas, Porzellan, fester Keramik mit Deckel, Bräunungsgeschirr.

Einstellungstechnik je nach Geräteart, Zeitenerklärung siehe Seite 16 ff., »Anweisungen und Regeln«.

Schweinerollbraten

1 kg Schweinerollbraten
Salz, Pfeffer
flüssiges Kümmelgewürz
Paprika
2 EL gehackte Zwiebel
1 zerdrückte Knoblauchzehe

Das Bräunungsgeschirr im Mikrowellenherd bei *100* 8 Minuten vorheizen. Das Fleisch mit Salz, Pfeffer und Kümmelgewürz einreiben. Heißes Bräunungsgeschirr mit Öl bepinseln, den Braten darauflegen und bei *100* offen etwa 5–8 Minuten anbraten lassen. Während dieser Zeit einmal wenden. Danach das Fleisch mit Paprika bestreuen, Zwiebel und Knoblauch zugeben und etwa 27–38 Minuten bei *50* zugedeckt fertig garen. Auch während dieser Garzeit das Fleisch wenden. Aus dem Herd nehmen und zugedeckt noch 15 Minuten stehen lassen.
Als Beilage Knödel und Kraut oder einen Kartoffelsalat reichen.

Gesamtgarzeit: 32–48 Minuten

Schweineschmorbraten

1 kg mageres Schweinefleisch zum Braten
40 g Fett
1 gehackte Zwiebel
1 Knoblauchzehe
1 Bund Suppengemüse, geputzt, gewaschen und kleingeschnitten
Salz, Pfeffer
¼ l heißes Wasser
1 EL Instantmehl
1 EL Tomatenmark
bei Bedarf noch Flüssigkeit

Das Bräunungsgeschirr im Mikrowellenherd 8 Minuten bei *100* vorheizen. Das Fleisch mit Salz und Pfeffer einreiben und

auf jeder Seite etwa 3–4 Minuten anbraten. Beim Wenden Zwiebel, Knoblauch und vorbereitetes Suppengemüse beifügen. Dann das heiße Wasser angießen, zudecken und bei *100* etwa 5 Minuten, dann bei *50* etwa 30 Minuten fertig garen. Aus dem Herd nehmen und zugedeckt noch 10–15 Minuten stehen lassen. Das Fleisch aus der Sauce nehmen, in Scheiben schneiden und auf einer passenden, vorgewärmten Platte anrichten. Die Sauce mit dem Mehl binden, mit Tomatenmark, evtl. noch mit etwas Salz und Pfeffer abschmecken, bei *100* im Mikrowellenherd in 2–4 Minuten zum Kochen bringen und durch ein Sieb über den Fleischstücken verteilen.
Dazu Semmelknödel oder Kartoffelpüree reichen.

Gesamtgarzeit: 40 Minuten

Geräucherte Schweinerippen
(2 Portionen)

2 Schweinerippen von je
150 g

Bräunungsgeschirr 6 Minuten im Mikrowellenherd bei *100* vorheizen. Das Fleisch darauflegen und auf jeder Seite 1 Minute bei *100* anbraten.

Vorheizen: 6 Minuten Gesamtgarzeit: 2 Minuten

Kasseler in der Klarsichtfolie

500 g mageres Kasseler (ohne Knochen)
1 Knoblauchzehe
ein passendes Stück für den Mikrowellenherd geeignete Klarsichtfolie

Das Fleisch mit Knoblauch einreiben und gut in die Klarsichtfolie einwickeln. Auf die Bräunungsplatte oder in das Bräunungsgeschirr legen. 10 Minuten bei *100* und etwa 5 Minuten bei *50* erhitzen. Die obere Seite des Bratens erhält eine schöne Bräunung. Das Fleisch noch 10 Minuten in der Folie ruhen lassen. Dann in Scheiben schneiden und zu Sauerkraut und Kartoffelpüree reichen.

Gesamtgarzeit: etwa 15 Minuten

Schweinegulasch

500 g mageres Schweinefleisch
40 g Schweinefett oder Öl
250 g gehackte Zwiebeln
1 EL Rosenpaprika
Salz und Pfeffer
$\frac{1}{8}$ l heißes Wasser
$\frac{1}{10}$ l saurer Rahm
1 EL Tomatenmark

Schweinefleisch in 2 cm große Würfel schneiden, mit Fett und Zwiebeln in ein passendes Geschirr geben und im Mikrowellenherd zugedeckt 10–14 Minuten bei *100* dünsten. Paprika, Salz und Pfeffer einrühren, die Hälfte der angegebenen Wassermenge angießen und zugedeckt bei *100* in etwa 2–3 Minuten zum Kochen bringen, dann etwa 15–18 Minuten bei *50* fertig garen. In dieser Zeit bei Bedarf das restliche Wasser zugeben. Dann aus dem Herd nehmen, noch

5 Minuten zugedeckt stehen lassen und danach die Sauce mit Tomatenmark und saurem Rahm abschmecken. Dazu körnig gekochten Reis oder Bandnudeln reichen.

Gesamtgarzeit: 27–35 Minuten

Szegediner Gulasch

(2–3 Personen)

300 g Schweinefleisch
300 g Sauerkraut
30 g Schweinefett oder Öl
60 g gehackte Zwiebel
1 zerdrückte Knoblauchzehe
1 TL Rosenpaprika
Salz
⅛ l Wasser
⅛ l saurer Rahm

Das Fleisch in 2 cm große Würfel schneiden. Mit Fett, Zwiebel und Knoblauch in ein passendes Geschirr geben und im Mikrowellenherd zugedeckt bei *100* etwa 10–14 Minuten dünsten. Paprika und Salz einrühren, dann das Sauerkraut untermischen, das Wasser zugießen und zugedeckt bei *100* zum Kochen bringen (etwa 2–3 Minuten), dann etwa 12–14 Minuten bei *30* fertig garen. Das Gericht aus dem Herd nehmen, noch 5 Minuten zugedeckt stehen lassen und dann den sauren Rahm untermischen.
Dazu Salzkartoffeln reichen.

Gesamtgarzeit: 22–28 Minuten

Schweinefilet pikant

350–400 g Schweinefilet
30 g Margarine oder Schweinefett
Salz, Pfeffer
Paprika
1 feingehackte Zwiebel
1 zerdrückte Knoblauchzehe
4 geschälte, in dickliche Scheiben geschnittene Tomaten
2 EL Tomatenketchup
⅛ l süße Sahne
1 EL feingehackte Petersilie
einige Spritzer Cognac
einige kleine Pfeffergürkchen

Bräunungsgeschirr 8 Minuten bei 100 vorheizen. Das Filet häuten, in 2 cm dicke Scheiben schneiden und mit dem Messer etwas flachdrücken. Eine Seite mit Salz und Pfeffer, die andere mit Salz und Paprika würzen. Die Margarine oder das Fett in der heißen Bräunungsschüssel zerlaufen lassen und die Filetscheiben mit der gepfefferten Seite nach unten darauflegen. Ohne Deckel etwa 3–4 Minuten bei *100* in den Mikrowellenherd stellen. Dann die Fleischstücke wenden und weitere 3–4 Minuten garen. Aus dem Fett nehmen und zugedeckt ruhen lassen. In dem zurückgebliebenen Fett die Zwiebel und den Knoblauch bei 100 zugedeckt 3 Minuten dünsten, die Tomatenscheiben zur Zwiebel geben. Tomatenketchup darüber verteilen und zugedeckt bei *50* 2–4 Minuten dünsten. Dann die Sahne unterrühren, ohne die Tomatenscheiben zu zerstören (evtl. vorher die Tomatenscheiben herausnehmen), die Sauce mit Petersilie und Cognac abschmecken. Die Fleischstücke in die Sauce legen, auf jedes Fleischstück eine Tomatenscheibe geben und mit Pfeffergürkchen garnieren. Dazu Curry-Reis reichen.

Gesamtgarzeit: 13–19 Minuten

Schweinefilet, mariniert

1 Schweinefilet von etwa 400–500 g
Zur Marinade:
2 EL Speiseöl
1 kleine, mit 1 Msp Salz verriebene Knoblauchzehe
1 Msp Pfeffer
½ TL gehackter Rosmarin
½ TL gemahlener Kümmel
½ TL scharfer Senf
Zur Sauce:
⅛ l Sahne oder
1 Becher Sahnejoghurt
Zum Bestreuen:
1 Msp Paprika

Schweinefilet waschen, trockentupfen und enthäuten. Für die Marinade die angegebenen Zutaten gut verrühren, abschmecken und über das Fleisch gießen. Zugedeckt etwa 1 Stunde ziehen lassen. Bräunungsgeschirr im Mikrowellenherd 7 Minuten bei *100* vorheizen. Das Fleisch aus der Marinade nehmen, in das Bräunungsgeschirr legen und während 2–3 Minuten bei *100* bräunen; dabei ab und zu wenden. Danach die restliche Marinade hinzufügen und das Fleisch bei geschlossenem Geschirr etwa 4 Minuten bei *100* braten. Sahne oder Joghurt über das Fleisch gießen und 5 Minuten bei *50* fertig garen. Aus dem Mikrowellengerät nehmen, zugedeckt 10 Minuten ruhen lassen, danach das Fleisch in Scheiben schneiden und in der gut abgeschmeckten Sauce zu Tisch geben.
Zu diesem Gericht Bohnengemüse und Kartoffelpüree reichen.

Vorheizen: 7 Minuten   Gesamtgarzeit: 11–12 Minuten

Schweinszüngerl in Sauerkraut
(2 Personen)

1 Schweinszunge von etwa 300 g
30 g Schweinefett
2 EL gehackte Zwiebel
285 g Sauerkraut (kleine Dose)
4 Wacholderbeeren
¼ l Wasser

In einer passenden Form Fett und Zwiebel im Mikrowellenherd 2–3 Minuten bei *100* andünsten, Sauerkraut dazugeben, die Zunge in das Kraut betten, Wacholderbeeren und Lorbeerblatt zugeben, das Wasser untergießen und in den Mikrowellenherd stellen. Bei *100* 20–26 Minuten, dann bei *50* etwa 18–22 Minuten fertig garen.

Gesamtgarzeit: 38–48 Minuten

Saure Leber
(2 Personen)

250 g Rinds- oder Schweineleber
1 EL Öl
1 EL gehackte Zwiebel
1 EL Mehl
4 EL Wasser oder Brühe

Zum Abschmecken:
Salz, Pfeffer
2–3 EL saure Sahne
½ TL Sojasauce

In einem passenden Geschirr Öl und Zwiebel offen bei *100* 2–3 Minuten im Mikrowellenherd andünsten, die Leber zugeben und ebenfalls offen bei *100* 2–3 Minuten dünsten. Dann mit Mehl bestäuben, Wasser oder Brühe angießen und geschlossen bei *100* 1½–3 Minuten und nochmals die gleiche Zeit bei *30* garen. Aus dem Herd nehmen, abschmecken und mit Salzkartoffeln servieren.

Gesamtgarzeit: 7–13 Minuten

Schweinekotelett natur
(2 Personen)

2 Koteletts von je 125 g	*Salz, Pfeffer*
30 g Schweinefett	*Paprika*

Bräunungsplatte im Mikrowellenherd bei *100* 8 Minuten vorheizen. Die Koteletts salzen und pfeffern, auf einer Seite mit Paprika bestreuen, dann gleichzeitig mit dem Fett (Paprikaseite nach oben) auf die vorgeheizte Platte legen und bei *50* auf jeder Seite 6–7 Minuten garen.
Dazu Mischgemüse und Kartoffeln reichen.

Gesamtgarzeit: 6–7 Minuten

Rindfleisch gekocht

500 g Rindfleisch (Brust, Zungenstück, Flach- oder Querrippe, Hohe Rippe)	*1 TL Salz*
	1 Zwiebel
	1 Bund Suppengemüse
¾ l Wasser	*Suppenwürze*

Das Fleisch – am besten in einer größeren Auflaufform – mit Wasser und Salz zugedeckt bei *100* in etwa 12–16 Minuten zum Kochen bringen (zu hohe Stücke vorher teilen). Dann erst die Zwiebel und das geputzte Suppengemüse zugeben und bei *50* etwa 55 Minuten gar kochen. Aus dem Herd nehmen und alles noch 10 Minuten zugedeckt in der Brühe stehen lassen. Das Fleisch herausnehmen, in Scheiben schneiden und auf einer vorgewärmten Platte anrichten. Nach Wunsch mit Schnittlauch bestreuen. Die üblichen Beilagen dazu reichen.
In die Brühe eine beliebige Einlage einkochen und mit Suppenwürze abschmecken.

Gesamtgarzeit: 70 Minuten

Rindsgulasch

500 g Gulasch
40 g Schweinefett oder Öl
250 g gehackte Zwiebel
1 EL Rosenpaprika
Salz und Pfeffer
⅛ l heißes Wasser
Paprika- oder Tomatenmark
einige Tropfen
Tabascosauce

Das Fleisch in nicht zu große Würfel schneiden, mit Fett oder Öl und Zwiebel in ein passendes Geschirr geben und im Mikrowellenherd zugedeckt bei *100* 25–29 Minuten dünsten. Paprika, Salz und Pfeffer einrühren, das heiße Wasser untergießen und bei *100* zugedeckt in 2–3 Minuten zum Kochen bringen, dann bei *50* etwa 35 Minuten fertig garen. Aus dem Herd nehmen, noch 5 Minuten zugedeckt stehen lassen und anschließend die Sauce mit Paprika- oder Tomatenmark und Tabascosauce abschmecken. Dazu Kartoffelpüree reichen.

Gesamtgarzeit: 60–70 Minuten

Rindfleischragout

500 g Rindfleisch
(Bratenstück)
etwas Öl
½ TL Paprika
⅛ l Brühe (Würfel)
1 EL Tomatenmark
1 TL grüner Pfeffer
1/10 l saure Sahne
1 mittelgroße, feingewiegte
Gewürzgurke

Das Fleisch mit Öl einreiben, in eine passende Form legen, die Oberfläche mit Paprika bepudern, zudecken und im Mikrowellenherd bei etwa *100* 8–11 Minuten andünsten. Das Fleisch wenden und bei *50* etwa 9–12 Minuten weiterdünsten. Die Brühe untergießen und bei *50* zugedeckt in 25 Minuten fertig garen. Aus dem Herd nehmen und noch 5–10 Minuten stehen lassen. Das Fleisch in kleine Würfel schneiden. Für die Sauce, wenn nötig, noch etwas Brühe zugießen,

die anderen Zutaten einrühren, abschmecken, die Fleischwürfel hineingeben und das Ragout im Mikrowellenherd bei *100* etwa 2–4 Minuten erhitzen.
Mit Kartoffelpüree zu Tisch geben.

Gesamtgarzeit: 45 Minuten

Filetsteak Art Romanoff

(1–2 Personen)

1 gut abgelagertes Filetsteak von etwa 250–300 g
2 TL Öl
½ TL Rosenpaprika
Salz, Pfeffer
50 g feingehackte Zwiebel
2 EL Tomatenketchup
2 EL Sahne
1 TL feinstgehackte Petersilie
einige Tropfen Cognac

Das Steak von Sehnen und Fett befreien, mit der geschlossenen Faust leicht klopfen und wieder zusammenschieben. Mit einem Gemisch aus 1 TL Öl und dem Rosenpaprika gut einreiben und bei Zimmertemperatur etwa 1 Stunde zugedeckt stehen lassen.
Das Bräunungsgeschirr im Mikrowellenherd 8 Minuten bei *100* vorheizen. Das Steak mit dem restlichen Öl hineingeben und bei *100* offen ½–1 Minute anbraten, dann wenden und weitere 1–2 Minuten braten. Bei *30* – nach Wunsch – nochmals 2–3 Minuten braten. Das Steak aus dem Fett nehmen, mit Salz und Pfeffer bestreuen und rasch in Alufolie wickeln. Zwiebel in das Bräunungsgeschirr geben und bei *100* geschlossen etwa 1–2 Minuten dünsten, dann Tomatenketchup, Sahne und Petersilie zufügen, alles gut vermischen und offen etwa ½ Minute im Mikrowellenherd bei *100* erwärmen. Das Steak auf einer vorgewärmten Platte anrichten, die Sauce darüber verteilen und mit etwas Cognac beträufeln. Als Beilage Pommes frites reichen.

Gesamtgarzeit: 4½–8 Minuten

Rinderschmorbraten

600–700 g Rindfleisch
(Schulter, Blume,
Schwanzstück)
etwas Salz und Pfeffer
50 g Fett
1 Möhre
1 kleines Stückchen Sellerie
1 Zwiebel
½ Lorbeerblatt
abgeriebene Schale von ¼
ungespritzter Zitrone
¼ l beliebige Brühe, auch
Würfelbrühe
Zur Sauce:
1 EL Instantmehl
⅛ l Weißwein

Das Bräunungsgeschirr im Mikrowellenherd bei *100* 8 Minuten vorheizen. Das Fleisch kurz waschen, abtrocknen, klopfen und mit Salz und Pfeffer einreiben. Fett und Fleisch hineingeben und offen bei *100* auf beiden Seiten je 2–3 Minuten anbraten. Beim Wenden die in Würfel geschnittenen Gemüse und Zwiebel, zusammen mit Lorbeerblatt und Zitronenschale zugeben. Mit angewärmter Brühe aufgießen, zudecken, bei *100* in 2–3 Minuten zum Kochen bringen und bei *60* etwa 40 Minuten fertig garen. Aus dem Herd nehmen und noch 15 Minuten zugedeckt stehen lassen. Für die Sauce das Fleisch aus dem Geschirr nehmen, den Bratensaft mit Mehl und dem Weißwein verrühren, in den Mikrowellenherd geben und bei 100 in 2–4 Minuten zum Kochen bringen. Das Fleisch in Scheiben schneiden und auf einer passenden Platte anrichten. Die Sauce nochmals abschmecken, evtl. nachsalzen und -pfeffern und durch ein Sieb über das Fleisch geben. Wenn nötig, alles 2–3 Minuten im Mikrowellenherd bei *100* geschlossen nochmals erwärmen.
Dazu Kartoffeln, Spätzle, Makkaroni, Kartoffel- oder Semmelknödel reichen.

Gesamtgarzeit: 50 Minuten

Variation:
Das Fleisch vor dem Braten mit 2 EL scharfem Senf bestreichen. An die Sauce nach Belieben etwas Senf geben. Diese Sauce kann auch ohne Wein zubereitet werden.

Sauerbraten

1 kg Rinderbratenfleisch
1 TL Paprikagewürz
Zur Beize:
½ l Wasser
¼ l Essig
1 Zwiebel
1 Scheibe Zitrone
einige Pfefferkörner
einige Wacholderbeeren
1 Lorbeerblatt
etwas Salz
50 g Speckstreifen
Zur Sauce:
2 EL Instant-Mehl
½ l Flüssigkeit (halb Beize, halb Wasser)
Salz, Pfeffer
1 EL Tomatenmark
nach Bedarf etwas Zucker
⅛–¼ l saure Sahne

Für die Beize alle Zutaten gut aufkochen und erkalten lassen. Über das Fleisch gießen und unter täglichem Wenden drei Tage zugedeckt stehen lassen. Dann das Fleischstück abtrocknen, gleichmäßig spicken, leicht mit Öl bestreichen und eine Seite mit Paprika bestreuen. Das Bräunungsgeschirr im Mikrowellenherd bei *100* 8 Minuten vorheizen. Den Braten – mit der Paprikaseite nach oben – hineingeben und offen bei *100* auf beiden Seiten je 3–4 Minuten anbraten. Zudecken und etwa 50 Minuten bei *50* fertig garen. Aus dem Herd nehmen und noch 15 Minuten zugedeckt stehen lassen. Für die Sauce das Fleisch aus dem Geschirr nehmen, den Bratenfond mit Instantmehl und Flüssigkeit verrühren, in den Mikrowellenherd geben und bei *100* in 2–4 Minuten zum Kochen bringen. Die Sauce würzen und mit Tomatenmark und Sahne abschmecken. Das Fleisch in Scheiben schneiden, in die Sauce legen und wenn nötig im Mikrowellenherd 2–3 Minuten bei *100* geschlossen erwärmen.
Dazu Knödel, Reis, Kartoffelpüree oder Spätzle reichen.

Gesamtgarzeit: 57–65 Minuten

Große Rindsroulade
(2 Personen)

4 Scheiben (etwa 500 g) aus der Keule geschnittenes Rindfleisch
1 EL scharfer Senf
Salz
schwarzer Pfeffer aus der Mühle
100 g geräucherte Speckwürfel
100 g gehackte Zwiebel
50 g feingehackte Möhren
50 g kleingewürfelte Essiggurke
½ TL Rosenpaprika
1 EL Öl
3–4 EL Brühe oder Wasser
1 EL Mehl, verrührt mit
3 EL saurer Sahne
1 EL gehackte Kapern

Das Bräunungsgeschirr im Mikrowellenherd bei *100* 8 Minuten vorheizen. Die Fleischscheiben leicht klopfen und so übereinanderlegen, daß sie ein großes Rechteck bilden. Mit Senf bestreichen, salzen, pfeffern und alle übrigen Zutaten – ausgenommen das Öl – darauf verteilen. Der Länge nach zusammenrollen und mit einem Baumwollfaden gut umwickeln. Die Roulade mit dem Öl in das heiße Bräunungsgeschirr geben und offen bei *100* etwa 9–12 Minuten braten. Während dieser Zeit die Roulade ab und zu wenden. Danach zudecken und etwa 25 Minuten bei *50* fertig garen. Aus dem Herd nehmen und zugedeckt noch 5 Minuten stehen lassen. Die Roulade aus dem Bratensaft nehmen und in Alufolie eingeschlagen warm halten. In den Bratensaft Brühe oder Wasser, das mit Sahne angerührte Mehl und die Kapern geben. Die Sauce bei *100* in etwa 2–3 Minuten bis zum Kochpunkt bringen, in dieser Zeit einmal umrühren. Von der Roulade den Faden entfernen, das Fleisch in Scheiben schneiden und in der Sauce servieren.
Dazu Kartoffelpüree reichen.

Gesamtgarzeit: 36–40 Minuten

Englisches Roastbeef

1 kg gut abgehangenes Roastbeef
2 EL Öl
Salz
schwarzer Pfeffer

Das Bräunungsgeschirr im Mikrowellenherd bei *100* 8 Minuten vorheizen. Das Fleisch kurz waschen, abtupfen, mit Öl bestreichen, mit Salz und Pfeffer bestreuen, mit dem restlichen Öl in das heiße Bräunungsgeschirr geben und bei *100* offen 4–6 Minuten anbraten. Dann wenden und bei *100* zugedeckt 5–7 Minuten garen. Aus dem Herd nehmen und zugedeckt 15 Minuten stehen lassen. Das Fleisch soll innen noch rosa sein. Das Fleisch erkalten lassen, gegen die Faser in sehr dünne Scheiben schneiden und auf einer Platte schuppenartig anrichten.
Dazu eine Remouladensauce reichen.

Gesamtgarzeit: 9–13 Minuten

Kalbsschmorbraten

1 kg Kalbsbraten
1 TL Salz-Pfeffer-Paprika-Gemisch
50 g Butter oder Margarine
1 gehackte Zwiebel
1 Bund geputztes, gewaschenes, kleingeschnittenes Suppengemüse
etwa ¼ l heißes Wasser
1 TL Instantmehl
2–3 EL saure oder süße Sahne, frischgemahlener Pfeffer aus der Mühle

Das Bräunungsgeschirr im Mikrowellenherd bei *100* 8 Minuten vorheizen. Das Fleisch, wenn nötig, mit einem Baumwollfaden zu schöner Form binden und mit dem Gewürzgemisch einreiben. Fett und Fleisch in das vorgeheizte Bräunungsgeschirr geben und von allen Seiten jeweils 3–4 Minuten bei *100* anbraten. Beim Wenden die Zwiebel und das Suppengemüse zugeben und mitbraten. Mit heißem Wasser auffüllen, zudecken und bei *100* etwa 5–7 Minuten, dann bei *50* etwa 40 Minuten fertig garen. Aus dem Herd nehmen und zugedeckt 10–15 Minuten stehen lassen. Das Fleisch herausnehmen, den Faden lösen, in schöne Scheiben schneiden und in einer vorgewärmten Schüssel anrichten. Für die Sauce das Mehl in den Bratenfond einrühren, wenn nötig mit Flüssigkeit auffüllen und im Mikrowellenherd bei *100* in 2–4 Minuten zum Aufkochen bringen. Mit saurer oder süßer Sahne verbessern und mit Pfeffer abschmecken. Die fertige Sauce über den Fleischscheiben verteilen.
Dazu gedünsteten Reis, auch mit Pilzen vermischt, oder Butternudeln reichen.

Gesamtgarzeit: 50 Minuten

Kalbfleischstäbchen mit Spargel

(2 Personen)

2 Kalbsschnitzel (250 g)
1 EL Öl
2 EL gehackte Zwiebel
¼ l warmes Wasser
etwas Salz und Pfeffer
1 Tasse gekochte Spargelabschnitte
Mehlbutter aus 10 g Butter und 1 TL Mehl
1 EL gehackte Petersilie

Bräunungsgeschirr 8 Minuten im Mikrowellenherd bei *100* vorheizen. Kalbsschnitzel in feine Streifen schneiden. Mit der Zwiebel in das mit Öl bestrichene Bräunungsgeschirr geben und offen 5 Minuten bei *100* durchbraten. Während dieser Zeit die Fleischstäbchen zweimal wenden. Dann mit Salz und Pfeffer würzen, mit Wasser ablöschen, zugedeckt 3–4 Minuten bei *100* bis zum Kochpunkt erhitzen und 10 Minuten bei *50* fertig garen. Die Mehlbutter einrühren, den Spargel untermischen und das Gericht etwa 3 Minuten bei *100* nochmals erhitzen. Aus dem Mikrowellenherd nehmen und 5 Minuten zugedeckt ruhen lassen. Mit Petersilie bestreuen und gedünsteten Reis dazu geben.

Gesamtgarzeit: etwa 22 Minuten

Kalbskotelett mit Champignons
(2 Personen)

2 Kalbskoteletts von je 200 g
Salz, Pfeffer
einige Tropfen Zitronensaft
20 g Butter
100 g gedünstete Champignons
1 TL geriebener Parmesankäse
1 TL gehackte Petersilie

Das Bräunungsgeschirr im Mikrowellenherd bei *100* 8 Minuten vorheizen. Koteletts mit dem Handballen leicht flachdrücken, mit Salz und Pfeffer bestreuen und mit einigen Tropfen Zitronensaft einreiben. Mit der Butter in das heiße Bräunungsgeschirr legen und offen bei *100* auf jeder Seite etwa 3–5 Minuten braten. Aus dem Herd nehmen und zugedeckt noch 5 Minuten stehen lassen. Mit Champignons bedecken und mit Käse und Petersilie bestreut zu Tisch geben. Dazu gedünsteten Reis servieren.

Gesamtgarzeit: 6–10 Minuten

Schnitzel Romana
(3 Personen)

3 Kalbsschnitzel, 2 cm dick geschnitten
etwa 450 g
einige frische Salbeiblätter
3 dünne Scheiben Frühstücksspeck
1 EL Butter oder Olivenöl
etwas Salz

Das Bräunungsgeschirr im Mikrowellenherd bei *100* 8 Minuten vorheizen. Die Schnitzel quer durchschneiden, eine Hälfte mit Salbeiblättchen belegen, eine Speckscheibe darauf geben, mit der zweiten Fleischhälfte bedecken und mit Zahnstochern zusammenstecken oder mit einem Baumwollfaden umwickeln. Die Schnitzel mit der Butter oder dem Öl in das heiße Bräunungsgeschirr geben und offen bei *100* auf einer Seite etwa 3–5 Minuten anbräunen lassen. Danach wenden und geschlossen 15–17 Minuten bei *50* garen. Aus dem Herd nehmen, salzen und zugedeckt noch 5–10 Minuten stehen lassen. Im eigenen Saft heiß zu Tisch geben. Dazu Kartoffelpüree und frische Salate reichen.

Gesamtgarzeit: 20 Minuten

Kalbsschnitzel in Paprikasauce

(3 Personen)

400 g Kalbsschlegel in
3 Schnitzel geteilt
Salz
1 TL Rosenpaprika
20 g Butter
1 Frischkäse (62,5 g)
1 Tasse geschlagene Sahne
1 TL Paprikamark

Bräunungsgeschirr im Mikrowellenherd bei *100* 8 Minuten vorheizen. Die Schnitzel auf beiden Seiten mit Salz, auf einer Seite zusätzlich mit Paprika bestreuen. Mit der Paprikaseite nach oben in das vorgeheizte Bräunungsgefäß legen und offen bei *100* etwa 3–5 Minuten anbräunen. Danach die Schnitzel umdrehen und zugedeckt etwa 5 Minuten bei *50* fertig garen. Aus dem Herd nehmen und zugedeckt 5 Minuten stehen lassen. Das Fleisch aus dem Saft nehmen und in Alufolie verpackt warm halten. Den Frischkäse mit der Sahne und dem Paprikamark vermischen und in den Fleischsaft einrühren. Wenn nötig, die Sauce nachsalzen und die Schnitzel darin servieren.
Dazu gedünsteten Reis oder Nudeln reichen.

Gesamtgarzeit: 20 Minuten

Eingemachtes Kalbfleisch

(3 Personen)

300 g Kalbfleisch, in Scheiben geschnitten
$\frac{1}{8}$ l Brühe (Würfel)
30 g mit Mehl verknetete Butter
1 Eigelb, mit 2–3 EL Sahne verrührt
Zum Abschmecken:
nach Bedarf etwas Salz
einige Tropfen Zitronensaft
1 EL gehackte Kapern

Die Fleischscheiben mit der Brühe in ein passendes Gefäß legen. Im Mikrowellenherd zugedeckt bei *80* etwa 15–17 Minuten garen. Dann die Mehlbutter einrühren und 3–4 Minuten bei *50* fertig garen. Aus dem Herd nehmen, mit Eigelb und Sahne legieren und pikant abschmecken.
Körnig gekochten Reis oder Teigwaren dazu reichen.

Gesamtgarzeit: 20–26 Minuten

Gefüllte Kalbsschulter

(5–6 Personen)

800 g Kalbsschulter
Salz, Pfeffer
20 g Butter oder Margarine
250 g Schweinehackfleisch
1 EL feinstgehackte Zwiebel
1 EL gehackte Petersilie
etwas Salz
1 TL Paprika edelsüß
1 TL Instantmehl
$\frac{1}{10}$ l saure Sahne

Das Bräunungsgeschirr im Mikrowellenherd bei *100* 8 Minuten vorheizen. Das Fleisch waschen, häuten und so auseinanderschneiden, daß es sich zu einem Rechteck ausbreiten läßt. Mit Salz und Pfeffer bestreuen, das Hackfleisch daraufstreichen und dieses mit Zwiebel, Petersilie, Salz und Paprika bestreuen. Das Fleisch zu einer Wurst zusammenrollen, mit

einem Baumwollfaden zusammenhalten und mit der Butter oder Margarine in das heiße Bräunungsgeschirr legen. Bei *100* offen etwa 7–9 Minuten braten, während dieser Zeit einmal wenden. Dann etwa 18 Minuten bei *50* zugedeckt fertig garen. Aus dem Herd nehmen und zugedeckt noch 10 Minuten stehen lassen. Danach das Fleisch aus dem Saft nehmen und in Alufolie eingeschlagen warm halten. In den Saft Instantmehl und Sahne einrühren und die Sauce 2–3 Minuten bei *100* erhitzen. Das in Portionsstücke geschnittene Fleisch in der Sauce servieren.
Dazu gedünsteten Reis und Tomaten-Paprikasalat reichen.

Gesamtgarzeit: etwa 30 Minuten

Kümmelfleisch mit Steinpilzen

(3 Personen)

300 g Kalbsschulter, in Scheiben geschnitten
flüssiges Kümmelgewürz
4 g getrocknete, in ⅛ l Wasser eingeweichte Steinpilze
Salz
30 g Butter, mit 30 g Mehl verknetet

Die Fleischscheiben auf beiden Seiten mit Kümmelgewürz beträufeln und in eine passende, ausgebutterte Form legen. Salz darüberstreuen, die Pilze mit dem Einweichwasser zugießen und das Gericht im Mikrowellenherd zugedeckt bei *60* etwa 20 Minuten garen. Dann die Mehlbutter einrühren und bei *50* zugedeckt 2–3 Minuten fertig garen.
Dazu körnig gedünsteten Reis servieren.

Gesamtgarzeit: etwa 25 Minuten

Kalbsleber nach Berliner Art

(2 Personen)

2 Scheiben Kalbsleber zu je 125 g
3 EL Öl
1 große, in sehr feine Ringe geschnittene Zwiebel
1 Apfel von etwa 125 g, geschält, vom Kerngehäuse befreit und in Ringe geschnitten

Das Bräunungsgeschirr 6 Minuten bei *100* vorheizen. 2 EL Öl hineingeben, die Leber darauflegen und bei *100* offen 1–3 Minuten bräunen. Dann wenden und bei *40* 2–4 Minuten garen. Die Leber aus dem Bräunungsgeschirr nehmen und in Alufolie warm halten. In das noch heiße Bräunungsgeschirr das restliche Öl geben und darin bei *100* offen 2–3 Minuten die Zwiebelringe bräunen, dann die vorbereiteten Apfelringe daraufgeben und zugedeckt 2–3 Minuten fertig garen. Zum Anrichten die Leber in das Bräunungsgefäß zurücklegen, salzen und mit dem Zwiebel-Apfelgemisch bedecken. Dazu Kartoffelpüree reichen.

Gesamtgarzeit: 7–10 Minuten

Kalbsgulasch

500 g Kalbfleisch
40 g Fett
150 g gehackte Zwiebel
1 EL Rosenpaprika
Salz
⅛ l heißes Wasser
⅛ l saure Sahne

Das Fleisch in nicht zu große Würfel schneiden, mit Fett und Zwiebel in ein passendes Geschirr geben und im Mikrowellenherd zugedeckt 10–14 Minuten bei *100* dünsten. Paprika und Salz einrühren, die Hälfte der angegebenen Wassermenge angießen und zugedeckt bei *100* in etwa 2–3 Minuten zum Kochen bringen, dann bei *50* etwa 16 Minuten fertig garen. In dieser Zeit bei Bedarf das restliche Wasser zugeben. Aus dem Herd nehmen, noch 5 Minuten zugedeckt stehen lassen, danach die Sauce mit der sauren Sahne abschmecken. Dazu körnig gekochten Reis oder Bandnudeln reichen.

Gesamtgarzeit: etwa 30 Minuten

Kalbsschlegel nach spanischer Art

(4–5 Personen)

750 g Kalbsschlegel
1 geschälte Salzgurke
50 g gekochtes, geräuchertes Wammerl
Salz
etwas weißer Pfeffer
30 g streichfähige Butter
je 1 EL gehackte Zwiebel, Möhre und Sellerie
$\frac{1}{10}$ l herber Weißwein
1 EL Instantmehl
$\frac{1}{8}$ l saure Sahne

Das Bräunungsgeschirr im Mikrowellenherd bei *100* 8 Minuten vorheizen. Das Fleisch kurz waschen, häuten und trockentupfen. In gleichmäßigen Abständen abwechselnd mit Gurken- und Wammerlstreifen spicken, mit Salz und Pfeffer bestreuen und mit 20 g Butter bestreichen. Das Fleisch mit der restlichen Butter mit der Oberseite nach unten in das heiße Bräunungsgeschirr legen und offen bei *100* etwa 6–8 Minuten anbraten, dann wenden und unter Zugabe von Zwiebel, Gemüse und Wein zugedeckt 25 Minuten bei *50* garen. Aus dem Herd nehmen und zugedeckt noch 10 Minuten stehen lassen. Das Fleisch aus dem Saft nehmen und in Alufolie warm halten. Für die Sauce Mehl und saure Sahne in den Fleischsaft rühren und bei *100* in etwa 2–3 Minuten erhitzen. Das Fleisch in Scheiben schneiden und in der Sauce servieren.
Dazu gedünsteten Reis reichen.

Gesamtgarzeit: etwa 35 Minuten

Kalbsherz gedünstet

(3–4 Personen)

500 g Kalbsherz	*100 g sehr fein gewiegte*
30 g in Würfel	*gelbe Rübe und Sellerie*
geschnittener Räucherspeck	*½ Lorbeerblatt*
3 EL gehackte Zwiebel	*Pfeffer aus der Mühle*
Salz	*knapp ¼ l warmes Wasser*
etwas Mehl zum Bestäuben	*2 EL Tomatenmark*
	1 Schuß Weißwein

Das Herz halbieren, von Strängen und Knorpeln befreien, leicht salzen und mit Mehl bestäuben. Speckwürfel und Zwiebel in der Bräunungsschüssel 2–3 Minuten bei *100* offen im Mikrowellenherd dünsten, dann das Herz mit der Fettseite nach oben darauflegen und 2–4 Minuten andünsten. Das Herz wenden, die vorbereiteten Gemüse und das Lorbeerblatt zugeben, mit Pfeffer aus der Mühle überstreuen, das Wasser untergießen. Im Mikrowellenherd zugedeckt bei *100* 10–12 Minuten dünsten und bei *50* fertig garen. Die Sauce mit Tomatenmark und Weißwein abschmecken.
Dazu Kartoffelpüree reichen.

Gesamtgarzeit: 20–25 Minuten

Kalbshaxe

(4–5 Personen)

1 Kalbshaxe mit Knochen, etwa 1,5 kg
4 EL Öl
1 TL geriebene Zwiebel
1 zerdrückte Knoblauchzehe
1 EL geriebene Möhre
1 TL Selleriesalz
1 Msp Basilikum
1 Msp Oregano
1 Msp Rosmarin
1 Prise Nelkenpulver
1 TL Salz
½ TL schwarzer Pfeffer
1 TL Rosenpaprika

Die Kalbshaxe waschen, trockentupfen und am Knochen mit einem spitzen Messer etwas lösen. Alle Geschmackszutaten und Gewürze mit 3 EL Öl verrühren, die Kalbshaxe rundherum mit diesem Gemisch bestreichen und etwa ½ Stunde stehen lassen. 1 EL Öl und die Kalbshaxe in das kalte Bräunungsgeschirr geben, bei *100* 10–14 Minuten braten lassen, dazwischen einmal wenden und 35–40 Minuten bei *60* – auch während dieser Zeit einmal wenden – fertig garen. Die Kalbshaxe aus dem Herd nehmen und mit Alufolie bedeckt noch 10–15 Minuten stehen lassen.
Dazu Kartoffelsalat reichen.

Gesamtgarzeit: 45–55 Minuten

Anmerkung:
Den Bratensaft entweder natur lassen, durch ein Sieb streichen oder mit 1½ EL Instantmehl eindicken.

Zungenragout

1 gekochte Kalbszunge von etwa 300 g
3/8 l Zungenbrühe
Mehlbutter von 30 g Butter und 2 gestrichenen EL Instantmehl
1 Schuß herber Weißwein
100 g Spargelköpfe
Pfeffer aus der Mühle
etwas Zitronensaft
1 Prise Zucker
2 EL frisches, gewiegtes Dillkraut
1 Eigelb mit 3 EL Sahne verrührt

Die gare Zunge häuten und in feine Streifen schneiden. Die Brühe durch ein Sieb gießen, die Mehlbutter darin auflösen und im Mikrowellenherd geschlossen bei *100* in etwa 3–5 Minuten zum Kochen bringen. Dann die geschnittene Zunge einlegen, Weißwein und Spargelköpfe beifügen und die Sauce mit Pfeffer, Zitronensaft und Zucker abschmekken. Alles im Mikrowellenherd bei *100* nochmals in etwa 2–4 Minuten zum Kochen bringen und aus dem Herd nehmen. Sofort das Dillkraut einrühren und die Sauce mit Ei und Sahne legieren.
Dazu körnig gekochten Reis reichen.

Gesamtgarzeit: 5–9 Minuten

Ein nicht zu großer Tontopf ist sehr gut geeignet für den Mikrowellenherd.

Lammkeule im Tontopf

500 g entbeinte Lammkeule
1 mit Salz zerdrückte Knoblauchzehe
Pfeffer
je ½ TL Thymian und Basilikum
je 50 g gehackte Zwiebel und Karotte
1 geschälte Tomate in Viertel geschnitten oder
1 EL Tomatenmark
¼ l Würfelbrühe
30 g gewürfelter Räucherspeck
1 TL Stärkemehl

Das Fleisch waschen, trockentupfen, mit Knoblauch, Pfeffer, Thymian und Basilikum einreiben. Den Tontopf gut wässern. Auf den Boden des Topfes die Zwiebel, Räucherspeck, Karotte und Tomate oder Tomatenmark verteilen. Das gewürzte Fleisch darauflegen. Die Würfelbrühe angießen und zugedeckt in den Mikrowellenherd 15 Minuten bei *100* und etwa 10 Minuten bei *75* stellen. Während dieser Zeit das Fleisch zweimal begießen. Danach aus dem Herd nehmen und 10 Minuten geschlossen ruhen lassen. Das Fleisch in Scheiben schneiden, auf einer gut vorgewärmten Platte anrichten und warm halten. Das Stärkemehl mit etwas Wasser verquirlen, in die Sauce rühren und zugedeckt 1–2 Minuten im Mikrowellenherd bei *100* einmal aufkochen lassen. Dann durch ein Sieb über das Fleisch gießen.
Zu diesem Gericht grüne Bohnen und Salzkartoffeln reichen.

Gesamtgarzeit: etwa 26 Minuten

Lammragout Venezia

500 g Lammfleisch
1 EL Olivenöl
⅛ l herber Weißwein
250 g geschälte, in Viertel geschnittene Tomaten
1 TL geriebene Zwiebel
1 mit Salz zerdrückte Knoblauchzehe
Salz, Pfeffer
etwas Oregano und Thymian

Das Bräunungsgeschirr im Mikrowellenherd bei *100* 6 Minuten vorheizen. Das Fleisch in kleine Würfel schneiden und mit dem Öl im vorgeheizten Bäunungsgeschirr geschlossen bei *100* 2–5 Minuten anbraten. In dieser Zeit das Fleisch einmal wenden. Dann den Wein untergießen, Tomaten, Zwiebel und Knoblauch zugeben, die angegebenen Gewürze beifügen und bei *100* in etwa 3½–6 Minuten geschlossen zum Kochen bringen. 16 Minuten bei *40* fertig garen.
Dazu Makkaroni, bestreut mit geriebenem Parmesankäse, reichen.

Gesamtgarzeit: etwa 26 Minuten

Hammelkoteletts mit Käse

4 Hammelkoteletts
1 Knoblauchzehe
30 g Butter
100 g in Ringe geschnittene Zwiebel
Salz und Pfeffer
3 EL geriebener Chesterkäse

Bräunungsgeschirr im Mikrowellenherd bei *100* 8 Minuten vorheizen. Koteletts waschen, abtrocknen und mit Knoblauch einreiben. Mit der Butter und den Zwiebelringen in

das heiße Bräunungsgeschirr legen und bei *50* offen etwa 3–5 Minuten von jeder Seite bräunen. Zwiebelringe herausnehmen, wenn sie gar sind. Die fertigen Koteletts mit Käse bestreuen und nochmals 1–1½ Minuten bei *100* in den Mikrowellenherd stellen, bis der Käse geschmolzen ist.
Dazu grüne Bohnen und Salzkartoffeln reichen.

Gesamtgarzeit: 7–10 Minuten

Hammelfleisch auf englische Art

500 g Hammelfleisch
(Schulter oder Keule)
Pfefferminzkraut trocken
oder frisch
Salz, Pfeffer
1 EL Öl
1–2 zerdrückte Knoblauchzehen
⅛ l Wasser
1 EL gehackte Zwiebel
je 125 g Lauch und Möhren
in Ringe geschnitten
100 g Erbsen aus der Dose
oder tiefgekühlt

Das Fleisch mit Pfefferminzblättern einreiben, mit Salz und Pfeffer würzen. In einem passenden Gefäß Zwiebel und Knoblauch mit dem Öl im Mikrowellenherd bei *100* 1–2 Minuten offen andünsten, das Fleisch mit der Fettseite nach unten darauflegen und bei *100* etwa 4–7 Minuten dünsten. Dann Wasser untergießen, Lauch und Möhren zugeben und geschlossen 18–25 Minuten bei *50* fertig garen. In den letzten 3 Minuten der Garzeit die Erbsen mitgaren.

Gesamtgarzeit: 25–35 Minuten

Irish Stew

700 g Hammelrücken
400 g Zwiebeln
500 g Kartoffeln
Salz, Pfeffer
1 Lorbeerblatt
½ TL Thymian
⅛ l Wasser
1 EL frische gehackte Kräuter

Das Fleisch waschen, abtrocknen und in Würfel schneiden. Zwiebeln und Kartoffeln schälen und in Scheiben schneiden. In ein passendes Gefäß abwechselnd Fleischwürfel, Zwiebel- und Kartoffelscheiben einfüllen, Gewürze und Geschmackszutaten darübergeben und das Wasser untergießen. Geschlossen in den Mikrowellenherd stellen und erst 15–18 Minuten bei *100*, dann 27–33 Minuten bei *60* garen. Das fertige Gericht aus dem Herd nehmen und zugedeckt noch etwa 10 Minuten stehen lassen. Mit Kräutern bestreut servieren.

Gesamtgarzeit: 45–50 Minuten

Gerollter Lammbraten, mariniert

1 kg gerollter Lammbraten
1 EL Öl
Zur Marinade:
½ l trockener Weißwein
Salz
2 Knoblauchzehen
1 mittelgroße halbierte, geschälte Zwiebel
1 Lorbeerblatt
einige Pfefferkörner
1 frischer kleiner Fichtenzweig
Zur Sauce: *die Hälfte der Marinade*
1 EL Stärkemehl
etwas Salz und Pfeffer
etwas Suppenwürze

Das Fleisch in ein passendes Geschirr legen. Den Wein mit allen Zutaten verrühren, über das Fleisch gießen und zugedeckt 1–2 Tage in einen kühlen Raum stellen. Während dieser Zeit das Fleisch ab und zu wenden.
Das Bräunungsgeschirr im Mikrowellenherd 8 Minuten bei *100* vorheizen. Das Fleisch aus der Marinade nehmen, mit einem Küchentuch trockentupfen, die obere Seite mit Öl bepinseln und mit der gefetteten Seite nach unten in die Bräunungsschüssel legen. 10 Minuten bei *100* bräunen lassen. Während dieser Zeit den Braten ab und zu wenden. Mit ⅛ l Marinade auffüllen, das Fleisch 5 Minuten bei *100* und 30 Minuten bei 50 garen. Aus dem Herd nehmen und zugedeckt 10 Minuten ruhen lassen. Das Fleisch in Scheiben schneiden und warm stellen. Für die Sauce das Stärkemehl mit etwas Marinade verrühren, in den Bratensaft einrühren und im Mikrowellenherd zugedeckt etwa 3 Minuten bei *100* bis zum Kochpunkt erhitzen. Nach Bedarf die Sauce noch mit etwas Marinade verdünnen, mit Salz, Pfeffer und Suppenwürze abschmecken. Das Fleisch in der Sauce anrichten. Dazu gedünsteten Reis reichen.

Gesamtgarzeit: etwa 48 Minuten

Hühnerfrikassee mit Spargel und Krabben

1 bratfertiges Hähnchen
von etwa 1 kg
Salz
etwas weißer Pfeffer
⅛ l Fleischbrühe
1 EL Instantmehl
200 g Spargelstücke (Dose)
und 1 kleine Dose
Champignons, beides gut
abgetropft (Flüssigkeit mit
für die Sauce verwenden)
100 g Nordseekrabben (aus
der Dose oder tiefgekühlt)
1 Schuß Weißwein
einige Tropfen Zitronensaft
1 Eigelb, verrührt mit
2–3 EL Sahne

Das Hähnchen waschen, abtrocknen und in 4 Stücke teilen. Die Hühnerstücke mit Salz und weißem Pfeffer einreiben, in ein passendes Gefäß legen, die Brühe untergießen und im Mikrowellenherd bei *100* zugedeckt etwa 18–22 Minuten garen. Danach die Fleischstücke aus dem Saft nehmen, das Fleisch von den Knochen lösen und in Würfel schneiden. In den Fleischsaft zuerst das Instantmehl einrühren, Spargelstücke und Champignons dazugeben, nach Bedarf noch Spargel- und Champignonbrühe unterrühren, die Krabben beigeben und die Sauce zugedeckt bei *100* in etwa 3–5 Minuten zum Kochen bringen. Danach die Sauce mit Wein und Zitronensaft abschmecken, mit Eigelb und Sahne legieren, die Fleischwürfel einlegen und das Hühnerfrikassee etwa 4–6 Minuten bei *50* erwärmen. Es darf aber nun nicht mehr kochen!
Dazu gedünsteten Reis reichen.

Gesamtgarzeit: 25–30 Minuten

Hähnchen Marengo

(2 Personen)

1 bratfertiges Hähnchen von etwa 900 g
Salz
etwas weißer Pfeffer
1 EL Öl
20 g Butter
1 zerdrückte Knoblauchzehe
30 g frische Champignons und 50 g Zwiebel, feinst gehackt
1 Msp Thymian
½ Lorbeerblatt
1 Nelke
2 geviertelte Tomaten
1 EL gehackte Petersilie
⅛ l herber Weißwein
1 knapper EL Instantmehl
1 EL Tomaten Tomatenmark

Die Bräunungsschüssel im Mikrowellenherd bei *100* 8 Minuten vorheizen. Das Hähnchen waschen, abtrocknen und in 4 Teile schneiden, mit Salz und Pfeffer bestreuen. Öl, Butter und die Hähnchenteile mit der Hautseite nach unten in die heiße Bräunungsschüssel legen und bei *100* etwa 2–3 Minuten braten. Dann wenden, Knoblauch, Champignons, Zwiebel, Thymian, Lorbeerblatt, Nelke, Tomate und Petersilie zugeben und weitere 2–3 Minuten bei *100* braten lassen. Danach den Wein angießen und zugedeckt 15 Minuten bei *50* garen. Das Geflügel aus dem Saft nehmen und in Alufolie eingeschlagen warm halten. In den Bratensaft das Mehl und Tomatenmark einrühren und bei hoher Position in etwa 3–5 Minuten bis zum Kochpunkt erhitzen. Während dieser Zeit einmal umrühren und nach Bedarf etwas Wein oder Wasser zugeben. Die fertige Sauce durch ein Sieb drücken und die Hähnchenteile darin servieren.
Als Beilage Nudeln oder Reis reichen.

Gesamtgarzeit: 20–25 Minuten

Hühnerragout

1 nach Vorschrift aufgetautes Hähnchen von 700–800 g
1 Kalbszunge von etwa 250 g
¾ l Wasser
½ Zwiebel
1 kleine Möhre
1 Stückchen Sellerie
1 Stückchen Lauchstange
2 Pfefferkörner
2 Pimentkörner
1 Lorbeerblatt
Salz
1 Kalbsmilch
30 g Butter
30 g Instantmehl
1 gehackte Sardelle
etwas Zitronensaft
1 Schuß herber Weißwein
1–2 Eigelb

Das vorbereitete Hähnchen und die gut gewaschene Zunge mit Zwiebel, Gemüsen und dem Wasser in ein passendes Gefäß geben. Im Mikrowellenherd geschlossen bei *100* in etwa 12–15 Minuten zum Kochen bringen und dann 10–13 Minuten bei *50* fertig garen. 5 Minuten vor Garzeitende das Salz in die gesäuberte Kalbsmilch zugeben. Aus dem Herd nehmen und 5–10 Minuten zugedeckt stehen lassen. Das Huhn aus der Brühe nehmen, das Fleisch von den Knochen lösen und in Stücke teilen. Die Zunge herausnehmen, häuten und in Scheiben, die Kalbsmilch in kleine Würfel schneiden. Huhn, Zunge und Kalbsmilch in Alufolie warm halten. Für die Sauce die Brühe durch ein Sieb gießen, Butter mit Mehl verkneten und mit der gehackten Sardelle in die Brühe rühren. Im Mikrowellenherd bei *100* geschlossen in etwa 3–6 Minuten zum Kochen bringen. Danach die Sardelle entfernen, die Sauce mit Zitronensaft und Weißwein abschmecken, mit Eigelb legieren und das Fleisch einlegen. In einem Reisrand servieren. Nach Wunsch gedünstete Champignons dazu reichen.

Gesamtgarzeit: 25–35 Minuten

Paprikahuhn nach ungarischer Art

(2–3 Personen)

1 nach Vorschrift aufgetautes Hähnchen von 800–1000 g
3 EL Öl oder
50 g Butter
100 g sehr fein gewiegte Zwiebel
Salz
1 EL Rosenpaprika
2 gestrichene EL Instantmehl
1 EL Tomatenmark
1 TL Paprikamark
Flüssigkeit nach Bedarf
3–4 EL saure Sahne

Das vorbereitete Hähnchen in Portionsstücke schneiden, abtrocknen, in eine passende Form legen und zugedeckt im Mikrowellenherd bei *100* etwa 20 Minuten garen. Aus dem Herd nehmen und noch etwa 10 Minuten stehen lassen. Für die Sauce das Bräunungsgeschirr 4 Minuten bei *100* vorheizen, aus dem Herd nehmen und mit der gespeicherten Hitze Fett und Zwiebel eine Minute braten, dann den Rosenpaprika zugeben und durchdünsten, das Mehl einrühren und mit dem Fleischsaft auffüllen. Salz, Tomaten- und Paprikamark unterrühren, nach Bedarf noch etwas Wasser zugeben und geschlossen im Mikrowellenherd bei *100* in etwa 4–6 Minuten zum Kochen bringen. Während dieser Zeit die Sauce einmal gut durchschlagen. Dann die Sauce unterziehen, abschmecken und die Hühnerstücke in die Sauce legen. Wenn nötig, das Gericht nochmals kurz im Mikrowellenherd erwärmen.
Dazu Bandnudeln oder gedünsteten Reis reichen.

Gesamtgarzeit: 22–27 Minuten

Hühnerpilaw

1 bratfertiges Hähnchen von etwa 900 g
Salz, Pfeffer
30 g Butter oder Margarine
1 zerdrückte Knoblauchzehe
50 g gehackte Zwiebel
250 g Reis
1 l kräftig abgeschmeckte Fleischbrühe
1 EL gehackte Petersilie

Das Bräunungsgeschirr im Mikrowellenherd bei *100* 6 Minuten vorheizen. Das Hähnchen waschen, abtrocknen und in kleine Stücke teilen. Mit der Butter oder Margarine in das heiße Bräunungsgeschirr geben und bei *100* offen etwa 2–3 Minuten anbraten. Dann Knoblauch, Zwiebel und Reis zugeben, alles gut durchrühren, mit Fleischbrühe auffüllen und zugedeckt bei *100* etwa 5–8, dann 13–16 Minuten bei *50* fertig garen. Aus dem Herd nehmen und noch 10 Minuten zugedeckt stehen lassen. Mit Petersilie bestreut zu Tisch geben.
Dazu eine stark gewürzte Tomatensauce reichen.

Gesamtgarzeit: 20–27 Minuten

Hähnchentopf »Peking«

400 g Hähnchenbrust
2 EL Öl
Salz
1 Msp Zucker
100 g in feine Ringe geschnittener Lauch
150 g in feine Streifen geschnittene Möhren
150 g Sojasprossen (abgetropft aus der Dose)
Sojasauce

Das Bräunungsgeschirr im Mikrowellenherd 6 Minuten bei *100* vorheizen. Geflügelfleisch in dünne Streifen schneiden,

zusammen mit dem Öl in das heiße Bräunungsgeschirr geben und ohne einzustellen 2 Minuten unter Rühren leicht anbräunen lassen. Danach salzen, etwas mit Zucker würzen, die Gemüse darüber verteilen und geschlossen erst 6–9 Minuten bei *100*, dann etwa 8 Minuten bei *50* garen. Aus dem Herd nehmen und zugedeckt noch 5 Minuten stehen lassen. Mit Sojasauce abschmecken.
Dazu Reis oder Weißbrot reichen.

Gesamtgarzeit: etwa 17 Minuten

Hähnchen aus der Normandie

(2 Personen)

1 bratfertiges Hähnchen von etwa 900 g
Salz
30 g streichfähige Butter
2–3 Äpfel
½ TL Zucker
1/10 l Calvados (Apfelschnaps)
nach Bedarf etwas Brühe

Das Hähnchen waschen, abtrocknen und in 4 Teile schneiden. Leicht mit Salz einreiben und mit der Butter in ein passendes Geschirr legen. Im Mikrowellenherd etwa 16–20 Minuten bei *100* garen, aus dem Saft nehmen und in Alufolie eingeschlagen warm halten. Äpfel schälen, in Achtel schneiden, in den Hühnersaft legen, mit Zucker überstreuen, Calvados zugießen und geschlossen etwa 3–5 Minuten bei *100* garen. Das Hähnchen in der Apfelsauce servieren.
Dazu frischen Toast und Calvados reichen.

Gesamtgarzeit: 20–25 Minuten

Huhn nach türkischer Art

(2–3 Personen)

1 nach Vorschrift aufgetautes Hähnchen von 800–1000 g
Salz
50 g geriebene Zwiebel
50 g Fett
1 EL Instantmehl
1 kleine Dose Tomatenmark
¼ l Fleischbrühe
etwas Zitronensaft

Das vorbereitete Huhn in Portionsstücke teilen. Das Bräunungsgeschirr im Mikrowellenherd bei *100* 8 Minuten vorheizen, mit etwas Fett ausstreichen, die Hühnerstücke mit der Fettseite nach unten hineinlegen und bei *100* 3–6 Minuten braten, dann die Stücke wenden, die Zwiebel dazugeben und weitere 3–6 Minuten braten. Etwas Brühe angießen, salzen und zugedeckt 12–15 Minuten bei *50* fertig garen. Aus dem Herd nehmen und noch etwa 10 Minuten zugedeckt stehen lassen. Die Fleischstücke aus dem Saft nehmen, restliches Fett mit Mehl und Tomatenmark verkneten und in den Fleischsaft rühren. Nach Bedarf noch etwas Brühe angießen und die Sauce im Mikrowellenherd zugedeckt bei *100* in etwa 3–6 Minuten zum Kochen bringen. Mit Zitronensaft abschmecken, die Geflügelstücke einlegen und, falls notwendig, nochmals kurz im Mikrowellenherd erhitzen. Dazu Safran- oder Curryreis reichen.

Gesamtgarzeit: etwa 30 Minuten

Putenkeulen in Sauce Robert

2 Putenkeulen (frisch oder tiefgefroren und aufgetaut) von etwa 880–1000 g
Salz, Pfeffer
Paprikagewürz
1 Rezept Sauce Robert (siehe Seite 67)

Das Bräunungsgeschirr im Mikrowellenherd bei *100* 8 Minuten vorheizen. Die Putenkeule waschen, abtrocknen, mit Salz, Pfeffer und Paprika einreiben. Das heiße Bräunungsgeschirr mit wenig Butter oder Öl bestreichen und die Keulen bei *100* offen 2–3½ Minuten und etwa 12–14 Minuten im geschlossenen Geschirr anbräunen, dann etwa 10–13 Minuten bei *60* fertig garen. Aus dem Herd nehmen und noch 5 Minuten geschlossen stehen lassen. Das Fleisch von den Knochen lösen, in Portionsstücke schneiden und in der nach Vorschrift zubereiteten Sauce Robert im Mikrowellenherd bei *100* etwa 2–3 Minuten erwärmen. Dazu Salzkartoffeln reichen.

Gesamtgarzeit: 26–30 Minuten

Anmerkung:
Man kann auch in den beim Braten entstandenen Geflügelsaft 1 EL Instantmehl, 1 EL Frischkäse und je 1 EL Tomaten- und Paprikamark einrühren und diese Sauce im Mikrowellenherd eindicken lassen.
Die Sauce Robert vor den Putenkeulen zubereiten.

Gespickte Hühnerbrüstchen

4 Hühnerbrüstchen (etwa 400–500 g)
40 g in feine Streifen geschnittener geräucherter Speck
etwas Salz
20 g Butter
Zitronensaft
1 EL feingehackte Petersilie

Das Hühnerfleisch mit einem breiten Messer etwas flach drücken, gleichmäßig spicken und leicht mit Salz einreiben. In einem passenden, gut schließenden Gefäß die Butter im Mikrowellenherd bei *30* in etwa ½–1½ Minuten zerlaufen lassen, die Hühnerstücke hineinlegen, mit Zitronensaft beträufeln und geschlossen etwa 15 Minuten bei *100* garen. Das Hühnerfleisch muß saftig werden und weiß bleiben.
Dazu reicht man in Fleischbrühe gekochte Makkaroni und grünen Salat.

Gesamtgarzeit: 15½–17 Minuten

Putensteaks, garniert

4 Putensteaks, etwa 400 g
Salz
etwas Muskat
30 g Butter oder Margarine
4 knusprige Toaste
4 Birnenhälften und
4 Aprikosen (abgetropft aus der Dose)
etwas Zitronensaft
einige Spritzer Cognac
4 Cocktailkirschen

Das Bräunungsgeschirr im Mikrowellenherd bei *100* 8 Minuten vorheizen. Putensteaks mit Salz und Muskat einreiben. Mit der Butter oder Margarine in das heiße Bräunungsgeschirr legen und 2½–3½ Minuten von beiden Seiten bei *100* bräunen lassen. Die Steaks auf die vorbereiteten Toastscheiben legen. Rasch – ohne den Mikrowellenherd einzuschalten – im Bratensaft die Birnen und Aprikosen erwärmen, die Früchte auf die Steaks garnieren und jede Portion mit Zitronensaft und Cognac bespritzen und mit der Cocktailkirsche krönen.

Gesamtgarzeit: 2½–3½ Minuten

Ente à la Rossini

1 bratfertige Ente ohne Innereien von etwa 1,4–1,8 kg
Salz, Pfeffer
etwas Majoran und Thymian
50 g Zwiebel und 200 g Karotten fein gehackt
1 EL Instantmehl
1–2 EL Sherry
1/16 l herber Weißwein
100 g in Scheiben geschnittene Trüffel oder andere Pilze (schon gegart)
1 EL feingehackte Petersilie

Das Bräunungsgeschirr im Mikrowellenherd bei *100* 6 Minuten vorheizen. Die Ente in 5 Teile zerlegen. Das Innere der Teile mit Salz, Pfeffer, Majoran und Thymian würzen, mit der gewürzten Seite nach oben in das heiße Bräunungsgefäß legen und 5–7 Minuten offen bei *100* anbräunen. Dann die Entenstücke wenden, Zwiebeln und Karotten darüberstreuen und 24–27 Minuten zugedeckt bei *60* garen. Aus dem Herd nehmen und noch 10 Minuten geschlossen stehen lassen. Die Entenstücke aus dem Bratensaft nehmen und in Alufolie warm halten. Den Bratensaft entfetten, das Mehl einrühren, Sherry, Weißwein und Pilze zugeben und die Sauce zugedeckt bei *100* in etwa 2½–4 Minuten erwärmen. Während dieser Zeit einmal gut durchrühren. Die Petersilie untermischen und die Entenstücke in der Sauce servieren.
Dazu gedünsteten Reis oder Salzkartoffeln reichen.

Gesamtgarzeit: 35–38 Minuten

Ente in Malaga

1 bratfertige Ente ohne Innereien von etwa 1,4–1,8 kg
Salz
50 g feingeschnittener roher Schinken
2 dünne Scheiben geschnittene Trüffeln oder 50 g in Scheiben geschnittene Champignons
1 EL Instantmehl
$\frac{1}{18}$ l Malaga

Das Bräunungsgeschirr im Mikrowellenherd bei *100* 6 Minuten vorheizen. Die Ente in 5 Teile zerlegen, die Innenseite der Ententeile mit Salz bestreuen. Die Stücke mit der gesalzenen Seite nach oben in das heiße Bräunungsgeschirr legen und 5–7 Minuten offen bei *100* bräunen lassen. Danach die Fleischstücke wenden, mit Schinken, Trüffeln oder Champignons bestreuen und 25–27 Minuten zugedeckt bei *60* garen. Aus dem Herd nehmen und noch 10 Minuten zugedeckt stehen lassen. Die Fleischstücke aus dem Bratensaft nehmen und in Alufolie warm halten. Den Saft entfetten, Mehl und Malaga einrühren und geschlossen bei *100* in etwa 2–3$\frac{1}{2}$ Minuten erwärmen. Während dieser Zeit die Sauce einmal gut durchrühren. Durch ein Sieb passieren und die Ente darin anrichten.
Dazu Kartoffeln und dickes Apfelmus reichen.

Gesamtgarzeit: 35–38 Minuten

Putenrollbraten

800–1000 g Putenrollbraten
Salz
weißer Pfeffer
Paprika edelsüß
2 EL Öl
50 g dünne, geräucherte Speckscheiben
150 g in Scheiben geschnittene Zwiebeln
100 g in Scheiben geschnittene Möhren
50 g in Ringe geschnittener Lauch
50 g in Würfel geschnittener Sellerie
2 EL gehackte Petersilie
¼ l Fleischbrühe
3–4 EL Sahne

Das Bräunungsgeschirr im Mikrowellenherd bei *100* 8 Minuten vorheizen. Braten waschen, abtrocknen, mit Salz, Pfeffer und Paprika einreiben und mit Öl bestreichen. In das heiße Bräunungsgeschirr legen und unter stetigem Wenden – ohne Einschaltung – von allen Seiten anbräunen lassen. Dann mit den Speckscheiben belegen, alle vorbereiteten Zutaten beigeben, die Brühe untergießen und bei *100* zugedeckt etwa 10–13 Minuten, dann etwa 25 Minuten bei *60* fertig garen. Während der Garzeit das Fleisch einmal wenden, die Speckscheiben können dabei entfernt werden. Aus dem Herd nehmen und zugedeckt noch 10–15 Minuten stehen lassen. Das Fleisch in 1½ cm dicke Scheiben schneiden, auf einer vorgewärmten Platte anrichten und warm stellen. Den Bratenfond durch ein Sieb streichen, mit der Sahne verfeinern und – wenn nötig – noch mit Salz und Pfeffer abschmecken. Die Sauce bei hoher Position etwa 1–2 Minuten erwärmen und über dem angerichteten Braten verteilen. Dazu grüne Bohnen und Petersilienkartoffeln reichen.

Gesamtgarzeit: 36–40 Minuten

Wildschweinbraten

750 g Wildschweinrücken oder Keule,
frisch oder tiefgefroren
Zur Beize:
1 l Buttermilch
4 zerdrückte Wacholderbeeren
1 Stück gelbe Rübe und
1 Zwiebel in Scheiben geschnitten
1 Lorbeerblatt
3 Nelken

Zum Braten:
20 g Butter
Salz, Pfeffer
etwas Thymian
1 in Scheiben geschnittene Zwiebel
Zur Sauce:
1 EL Instantmehl
⅛ l saure Sahne
2 EL Johannisbeer- oder Brombeergelee oder Rotwein

Von dem Fleisch – tiefgekühltes aus der Packung nehmen – die Schwarte entfernen, in die Buttermilch legen und Gemüse und Gewürze dazugeben. Zwei Tage in der Beize liegen lassen, das Fleisch muß immer mit Buttermilch bedeckt sein. Während dieser Zeit öfters wenden. Vor der Zubereitung aus der Beize nehmen, abtrocknen und mit Salz, Pfeffer und Thymian einreiben.
Das Bräunungsgeschirr im Mikrowellenherd bei *100* 8 Minuten vorheizen. Das Fleisch mit der Oberseite nach unten mit der Butter hineinlegen und bei *100* 2–5 Minuten anbraten. Dann wenden, die Zwiebelscheiben zugeben und geschlossen 30–35 Minuten bei *60* fertig garen. Den Braten aus dem Herd nehmen und zugedeckt noch 10 Minuten stehen lassen. Danach das Fleisch aus dem Saft nehmen und in Alufolie warm halten. Für die Sauce Mehl, Sahne und Gelee oder Rotwein in den Bratensaft einrühren, wenn nötig einige Tropfen Wasser zugeben und alles im Mikrowellenherd 3–5 Minuten bei *100* erwärmen. Das Fleisch in Scheiben schneiden und in der Sauce anrichten.
Als Beilagen Knödel und Blaukraut oder Salzkartoffeln und grüne Bohnen reichen.

Gesamtgarzeit: 35–45 Minuten

Anmerkung:
Die Garzeit ist nicht genau anzugeben. Bei fettem Fleisch verringert sich die Garzeit; doch läuft das Fett sehr rasch aus dem Fleisch heraus.

Ente in Olivensauce

1 bratfertige Ente ohne Innereien von etwa 1,4–1,8 kg
Salz, Pfeffer
ein Stückchen dünn abgeschnittene Zitronenschale
1 EL Instantmehl
1 Msp Zucker
½ TL Sardellenpaste
nach Bedarf 1¹⁄₁₆ l Fleischbrühe
12 entkernte, mit kochendem Wasser überbrühte grüne Oliven

Das Bräunungsgeschirr im Mikrowellenherd bei *100* 6 Minuten vorheizen. Die Ente in 5 Teile zerlegen, die Innenseite der Stücke mit Salz und Pfeffer bestreuen. Die Fleischstücke mit der gewürzten Seite nach oben in das heiße Bräunungsgeschirr legen und offen bei *100* etwa 5–7 Minuten anbräunen. Danach wenden, Zitronenschale zugeben und die Ente zugedeckt 28 Minuten bei *60* garen. Aus dem Herd nehmen und noch 10 Minuten zugedeckt stehen lassen. Dann die Entenstücke in Alufolie warm halten. Den Bratenfond entfetten, Mehl, Zucker, Sardellenpaste unterrühren, mit etwas Fleischbrühe verlängern und die Sauce 2½–4 Minuten bei *100* geschlossen erwärmen. Oliven und Entenstücke in der bratfertigen Sauce anrichten.
Als Beilage reicht man gebackene, mit der gedünsteten, gehackten Entenleber bestrichene Semmelscheiben.

Gesamtgarzeit: 35–38 Minuten

Rehkoteletts natur

(2 Personen)

4 Rehkoteletts
40 g Butter
etwas Rosenpaprika
Salz und schwarzer Pfeffer aus der Mühle

Bräunungsgeschirr 8 Minuten bei *100* vorheizen. Rehkoteletts mit dem Handteller etwas flach drücken, sie dürfen niemals geklopft werden. Mit der Hälfte der Butter in das Bräunungsgeschirr legen und im Mikrowellenherd bei *100* auf einer Seite etwa 1–2 Minuten braten. Dann wenden, die gebratene Seite mit Paprika, Salz und Pfeffer bestreuen und etwa 2½–4 Minuten bei *50* fertig braten. Aus dem Herd nehmen und zugedeckt noch 5 Minuten stehen lassen. Die restliche Butter in den Bratensaft geben und mit Salz und Pfeffer abschmecken.
Als Beilage Pommes frites und Preiselbeerkompott reichen.

Gesamtgarzeit: 3½–6 Minuten

Rehsteaks »Schloß Hubertus«

(2 Personen)

2 Reh- oder Hirschsteaks à 100–200 g
20 g Butter
Salz
Pfeffer aus der Mühle

Das Bräunungsgeschirr im Mikrowellenherd bei *100* 8 Minuten vorheizen. Die Steaks leicht mit Öl bestreichen und zugedeckt ¼ Stunde ruhen lassen. Mit Salz und Pfeffer einreiben und mit der Butter in das heiße Bräunungsgeschirr legen. Ohne den Herd einzuschalten die Steaks etwa 1½ Minuten bräunen, dann wenden und etwa 1½–3½ Minuten bei *100* fertig braten. Aus dem Herd nehmen und noch 5 Mi-

nuten zugedeckt stehen lassen. Beim Anrichten mit dem entstandenen Fleischsaft begießen.
Als Beilage Serviettenknödel (s. Seite 200) und gedünstete, mit Petersilie bestreute Champignons oder eine andere Wildbeilage servieren.

Gesamtgarzeit: 1½–3½ Minuten.

Rehkeule in Rahmsauce

1 Rehkeule ausgelöst, etwa 750 g
etwas Zitronensaft
3 Wacholderbeeren
30 g Butter
½ mit Nelken gespickte Zwiebel
100 g feingehacktes Suppengemüse
40 g geräucherte Speckscheiben
1 EL Instantmehl
⅛ l saure Sahne

Die Rehkeule mit einem dünnen Baumwollfaden zusammenbinden und 2–3 Stunden vor der Zubereitung mit Zitronensaft, danach mit zerdrückten Wacholderbeeren, Salz und Pfeffer einreiben. Die Butter in einem passenden Gefäß im Mikrowellenherd 1–2 Minuten bei *30* zerlaufen lassen. Die Rehkeule hineinlegen, einmal in der Butter wenden, mit Speckscheiben belegen, Zwiebel und Gemüse zufügen und zugedeckt bei *100* etwa 6½–9 Minuten garen. Dann das Fleisch wenden und 15–20 Minuten bei *30* fertig garen. Aus dem Herd nehmen und zugedeckt noch 10 Minuten stehen lassen. Das Fleisch aus dem Saft nehmen und in Alufolie warm halten. In den Fleischsaft Mehl und saure Sahne einrühren und die Sauce bei *100* in etwa 2–4 Minuten erwärmen. Während dieser Zeit einmal umrühren. Das Fleisch in Scheiben schneiden, in einer vorgewärmten Schüssel anrichten und die Sauce durch ein Sieb darübergießen.
Dazu Spätzle und Preiselbeerkompott reichen.

Gesamtgarzeit: 25–30 Minuten

Hasenrücken in Rahmsauce

1 tiefgekühlter Hasenrücken von etwa 800 g
50 g geräucherter Speck
Salz, Pfeffer
20 g Butter
5 Pfefferkörner
3 zerdrückte Wacholderbeeren
1 Lorbeerblatt
3 EL saure Sahne
1 Tomate
1 gelbe Rübe
1 Stückchen Sellerie
30 g Zwiebel, alles fein geschnitten
Zur Sauce:
2–3 EL Wasser
1 TL Tomatenmark
1 TL Sojasauce
1 TL Instantmehl
⅛ l saure Sahne
1 EL Johannisbeergelee

Den aufgetauten Hasenrücken in ein mit Essig getränktes Tuch einschlagen und über Nacht in den Kühlschrank legen. Am nächsten Tag den Speck in dünne Streifen schneiden, den Hasenrücken spicken, am Knochen etwas einschneiden, mit Salz und Pfeffer einreiben. Die Bräunungsplatte im Mikrowellenherd bei *100* 8 Minuten vorheizen, dann Butter und Hasenrücken – mit der gespickten Seite nach unten – hineinlegen und offen bei *100* etwa 6–8 Minuten anbraten. Danach das Fleisch wenden, Gewürze, 3 EL saure Sahne, die geviertelte Tomate, das geschnittene Gemüse zugeben und bei *60* zugedeckt etwa 6–8 Minuten fertig garen. Aus dem Herd nehmen und noch zugedeckt 5–10 Minuten stehen lassen. Das Fleisch von den Knochen lösen, in Stücke teilen und auf einer vorgewärmten Platte auf dem Knochengerüst wieder anordnen. Für die Sauce alle Zutaten im Bratenfond verrühren und im Mikrowellenherd bei *100* in etwa 2–3 Minuten erwärmen. Die Sauce durch ein Sieb über den angerichteten Hasenrücken gießen.
Dazu Spätzle und Preiselbeerkonfitüre reichen.

Gesamtgarzeit: etwa 20 Minuten

Hackfleischgerichte

Speisen aus oder mit Hackfleisch gelingen im Mikrowellenherd besonders gut. Denn durch das Zerkleinern des Fleisches ist die Struktur weitgehend gelockert. Hackfleisch hat außerdem noch den großen Vorteil, preisgünstig zu sein und schon beim herkömmlichen Kochen zu den Schnellgerichten zu gehören. Bei der Zubereitung von Hackfleischgerichten im Mikrowellenherd könnte man demzufolge von einer »Schnellstzubereitung« sprechen.

Hackbraten im Tontopf

500 g gemischtes Hackfleisch
50 g gehackte Zwiebel
1 eingeweichte, ausgedrückte altbackene Semmel
2 Eier
200 g feingewürfelte grüne oder rote Paprikaschote
Salz, Pfeffer
2 EL feingehackte Petersilie
$\frac{1}{10}$ l Würfelbrühe
50 g dünne Speckscheiben

Tontopf wie gewohnt wässern. Von außen die Form mit einem Küchenpapiertuch trockentupfen. Den Boden der Form mit der Hälfte der Speckscheiben belegen. Alle anderen Zutaten, die restlichen Speckscheiben und die Brühe ausgenommen, zu einem pikanten Fleischteig verarbeiten. Einen Laib daraus formen und diesen auf die Speckscheiben legen. Mit Speckscheiben wieder bedecken. Die Brühe angießen, den Tontopf schließen und in den Mikrowellenherd stellen. Das Fleisch 12 Minuten bei *100* und etwa 8 Minuten bei *75* garen. Danach aus dem Herd nehmen und 5 Minuten geschlossen ruhen lassen. Zu Kartoffelpüree und Sauerkraut reichen.

Gesamtgarzeit: etwa 20 Minuten

Hackbraten oder Falscher Hase

500 g gemischtes Hackfleisch
2 altbackene, eingeweichte und ausgedrückte Semmeln
2 Eier
60 g feinstgehackte Zwiebel
1 EL feingehackte Petersilie
Salz, Pfeffer
etwas Muskat
nach Wunsch etwas Thymian und Knoblauchpulver
2 EL Öl
Zum Belegen:
5 schmale, mit Paprika bestreute Speckstreifen

Das Bräunungsgeschirr im Mikrowellenherd bei *100* 6 Minuten vorheizen. Aus den angegebenen Zutaten einen Fleischteig bereiten, einen Laib daraus formen, Speckstreifen an der Oberseite eindrücken und mit Paprika bestreuen, oder den Braten nur mit Paprika bestreuen und etwas Eiweiß darüber streichen. Beide Möglichkeiten sind Vorschläge, um dem Braten ein besseres Aussehen zu geben. Das Öl mit dem Braten in das heiße Bräunungsgeschirr geben und geschlossen etwa 15–18 Minuten bei *100* garen. Aus dem Herd nehmen und zugedeckt noch 10 Minuten stehen lassen. Dazu Salzkartoffeln und Blaukraut oder einen saftigen Kartoffelsalat reichen.

Gesamtgarzeit: 15–18 Minuten

Anmerkung:
Wird eine Sauce gewünscht, rührt man in den Bratenfond etwas Wasser oder Brühe, das mit 1 EL Instantmehl und 3 EL saurer Sahne vermischt wurde. Die Sauce dann bei *100* etwa 3–4 Minuten erhitzen.

Käse-Hackbraten

500 g gemischtes Hackfleisch
2 Eier
1 in Milch eingeweichte ausgedrückte Semmel
100 g grobgeraspelter Emmentaler
Salz, Pfeffer
2 EL feingehackte Zwiebel
2 EL gehackte Petersilie

Zum Braten:
3 EL Öl
2 geschälte, in Scheiben geschnittene Tomaten
4 Scheiben Emmentaler ohne Rinde
etwas Paprika

Aus den angegebenen Zutaten einen Fleischteig arbeiten und einen Laib daraus formen. Das Bräunungsgeschirr im Mikrowellenherd 6 Minuten bei *100* vorheizen. Erst das Öl und gleich anschließend den Braten in das heiße Bräunungsgeschirr geben, zudecken, in den Mikrowellenherd stellen und etwa 15 Minuten bei *100* braten. Aus dem Herd nehmen, den Braten mit den Tomatenscheiben belegen und darüber die halbierten Käsescheiben legen. Mit etwas Paprika bestreuen und nochmals 1½–2 Minuten bei *100* in den Mikrowellenherd stellen, bis der Käse schmilzt. Aus dem Herd nehmen und zugedeckt 5 Minuten ruhen lassen. Dazu Kartoffelpüree und grünen Salat reichen.

Gesamtgarzeit: 17–18 Minuten

Specknester aus Hackfleisch

375 g gemischtes Hackfleisch
3 EL gehackte Zwiebel
1 zerdrückte Knoblauchzehe
1 Ei
4 EL Semmelbrösel
Salz, Pfeffer
4 Scheiben Edamer Käse
Paprika
8 dünne Scheiben Frühstücksspeck
Zum Braten:
2 EL Öl
Zum Garnieren:
Petersilie

Hackfleisch mit Zwiebel, Knoblauch, Ei, Semmelbröseln gut vermischen, mit Salz und Pfeffer abschmecken. Aus der Fleischmasse 8 Plätzchen formen und diese etwas flach drükken. 4 Plätzchen mit je einer Käsescheibe belegen, die Käsescheiben mit Paprika bestreuen und mit einem Fleischplätzchen abdecken. Die Ränder zusammendrücken und die Außenseiten mit Speckstreifen umwickeln. Mit Holzstäbchen zusammenhalten.
Bräunungsplatte 6 Minuten im Mikrowellenherd bei *100* vorheizen. Aus dem Herd nehmen, mit Öl bestreichen und die Specknester darauflegen. In der gespeicherten Hitze 1 Minute anbraten. Nach ½ Minute wenden. Danach 3 Minuten auf jeder Seite braten. Mit Petersilie garniert servieren. Das Gericht zu Gemüsen und Salzkartoffeln reichen.

Gesamtgarzeit: 6–7 Minuten

Kalbshackpastete

500 g gehacktes Kalbfleisch
100 g in feine Streifen geschnittene Paprikaschote (grün oder rot)
125 g in feine Streifen geschnittener Lauch
20 g Butter
1 in 1/8 l Milch eingeweichte altbackene Semmel
3 Eier, getrennt
Salz und Pfeffer

Die Butter in einer Auflaufform im Mikrowellenherd 1 Minute bei *75* zerlaufen lassen. Paprika- und Lauchstreifen hineinlegen und geschlossen 2–3 Minuten bei *100* dünsten. Inzwischen das Hackfleisch mit der eingeweichten Semmel und den Eigelb gut vermischen, mit Salz und Pfeffer abschmecken. Das angedünstete Gemüse unterrühren und zum Schluß die steifen Eischnee darunterheben. Die Masse wieder in die Auflaufform – ohne neue Fettzugabe – füllen und das Gericht offen erst 7 Minuten bei *100*, dann 3 Minuten bei *75* garen. Dazu eine Champignonsauce und Salzkartoffeln oder gedünsteten Reis reichen.

Gesamtgarzeit: 10–12 Minuten

Anmerkung:
Man kann dieses Gericht auch in einer Puddingform garen.

Fleischpflanzl in Corn Flakes gewickelt

250 g gemischtes Hackfleisch
125 g Magerquark
1 Ei
etwa 2 EL Semmelbrösel
1 EL feinstgehackte Zwiebel
1 EL gehackte Petersilie
Salz und Pfeffer
Zum Einwickeln:
etwa 6 EL Corn Flakes
Zum Braten:
1 EL Öl

Das Bräunungsgeschirr im Mikrowellenherd 8 Minuten bei *100* erhitzen. Aus Hackfleisch, Magerquark und allen Geschmackszutaten einen Fleischteig bereiten. Diesen gut würzen und mit nassen Händen 4–5 Fleischpflanzl formen. Diese mit dem Handteller etwas flach drücken und in Corn Flakes wenden. In das heiße Bräunungsgeschirr das Öl geben, die Fleischpflanzl darauflegen. Das Bräunungsgeschirr ohne Deckel rasch in den Mikrowellenherd zurückstellen und 2 Minuten auf jeder Seite bei *100* braten.
Dazu Petersilienkartoffeln reichen.

Vorheizen: 8 Minuten   Gesamtgarzeit: 4 Minuten

Fleischpflanzl, Bouletten oder Frikadellen
(2 Personen)

250 g gemischtes Hackfleisch
1 altbackene, eingeweichte und ausgedrückte Semmel
1 Ei
1 EL feinstgehackte Zwiebel
1 EL gehackte Petersilie
Salz, Pfeffer oder
1 TL grüne Pfefferkörner
1 EL Öl

Das Bräunungsgeschirr im Mikrowellenherd bei *100* 8 Minuten vorheizen. Aus Fleisch, Semmel und Geschmackszutaten einen Fleischteig bereiten, gut würzen und mit nassen Händen 4 Fleischpflanzl formen, diese zusammen mit dem Öl in

das heiße Bräunungsgeschirr geben und die Pflanzl bei *100* offen 5–8 Minuten auf beiden Seiten braten. Nach der halben Bratzeit wenden.
Dazu Kartoffeln, Béchamelsauce und grünen Salat reichen.

Gesamtgarzeit: 5–8 Minuten

Anmerkung:
Den Bratensatz mit etwas Brühe oder saurer Sahne ablöschen und über die Fleischpflanzl geben.

Hackfleisch-Gemüserolle

(3 Personen)

250 g gemischtes Hackfleisch
200 g Mischgemüse (Karotten, Erbsen, Bohnen) aus der Dose oder tiefgefroren
2 EL gehackte Zwiebel
1 Ei
2 EL Semmelbrösel
3 EL Gemüsewasser
Salz, Pfeffer
2 EL Tomatenketchup
1 TL Worcestersauce
1 EL feingehackte Petersilie
Zum Einwickeln:
1 passendes Stück starke Frischhaltefolie

Mischgemüse aus der Dose abtropfen lassen, tiefgefrorenes auftauen und in wenig Wasser garen. Das vorbereitete Gemüse grob hacken und mit dem Fleisch und allen anderen Zutaten gut vermischen. Pikant abschmecken. Einen länglichen Laib daraus formen und in die Frischhaltefolie einwickeln. Auf die Bräunungsplatte legen und in den Mikrowellenherd stellen. 10 Minuten bei *100* und 5 Minuten bei *50* garen. Aus dem Herd nehmen und 5 Minuten ruhen lassen. Dann aus der Folie wickeln, in Scheiben schneiden und auf einer vorgewärmten Platte anrichten.
Dazu Kartoffelgemüse und Salat reichen.

Gesamtgarzeit: etwa 15 Minuten

Dänische Fleischkugeln

375 g Rinderhackfleisch
1 Eiweiß
Salz, Pfeffer
Paprika
Zum Füllen:
etwa 80 g dänischer Edelpilzkäse
Zum Einwickeln:
etwas Mehl
Zum Braten:
2 EL Öl

Hackfleisch mit dem Eiweiß gut vermischen, mit Salz, Pfeffer und Paprika würzen. Edelpilzkäse in etwa 16 kleine Würfel schneiden. Aus dem Fleischteig 16 Kugeln formen, diese flach drücken und in jede Kugel einen Käsewürfel einbetten. Die Kugeln leicht in Mehl wenden.
Bräunungsgeschirr 6 Minuten bei *100* vorheizen, mit Öl bepinseln und die Fleischkugeln daraufsetzen. 1 Minute in der gespeicherten Hitze im Mikrowellenherd bräunen lassen – dazwischen einmal wenden. Den Mikrowellenherd wieder auf *100* schalten und die Fleischkugeln auf jeder Seite 2 Minuten garen.
Dazu Kartoffelsalat reichen.
Gesamtgarzeit: etwa 5 Minuten

Hackfleischtoast

4 Scheiben Toastbrot
2 EL Öl
200 g Schweinehackfleisch
1 Ei
1 mittelgroßer säuerlicher Apfel
2 EL Tomatenketchup
1 EL geriebene Zwiebel
1 zerdrückte Knoblauchzehe
1 TL Paprikamark
Salz und Pfeffer
Zum Belegen:
2 Scheibletten
Zum Garnieren:
1 Tomate
Petersilie

Hackfleisch mit dem Ei, dem geschälten, geriebenen Apfel und allen angegebenen Geschmackszutaten gut vermi-

schen. Auf die Toastscheiben streichen und jedes Toastbrot mit ½ Käsescheibe belegen.
Bräunungsplatte im Mikrowellenherd 2 Minuten bei *100* erhitzen. Aus dem Herd nehmen. Mit Öl bestreichen und die Toastbrote darauflegen. Wieder in den Mikrowellenherd stellen und etwa 3–4 Minuten bei *100* garen. Das Fleisch muß gar und der Käse geschmolzen sein. Auf Portionsteller verteilen und jeden Toast mit ¼ Tomate und etwas Petersilie garnieren.

Gesamtgarzeit: 3–4 Minuten

Hackfleischsauce

300 g gemischtes Hackfleisch
2 EL Öl
2 EL gehackte Zwiebel
1 zerdrückte Knoblauchzehe
⅛ l Rotwein
¼ l warmes Wasser
1 Päckchen Hackfleischsauce (Fertigprodukt)
Kräutersalz
1 TL Tomatenmark
2 EL Crème fraîche

Bräunungsgeschirr 4 Minuten vorheizen. Das Öl, die Zwiebel und den Knoblauch hineingeben. In der gespeicherten Hitze Zwiebel und Knoblauch unter Rühren leicht bräunen lassen. Dann das Hackfleisch darauf verteilen und offen im Mikrowellenherd 2 Minuten andünsten. Den Rotwein – mit Zimmertemperatur – angießen und das Gericht, jetzt geschlossen, 2 Minuten bei *100* weiter dünsten. Inzwischen das Saucenpulver im warmen Wasser auflösen. Dann unter das Fleisch rühren und zugedeckt 4 Minuten bei *100* bis zum Kochpunkt erhitzen. Während dieser Zeit ein- bis zweimal umrühren. Aus dem Herd nehmen und mit Kräutersalz, Tomatenmark und Crème fraîche pikant abschmecken.
Zu Teigwaren reichen.

Gesamtgarzeit: etwa 8 Minuten

Weißwürste erwärmen

4 Weißwürste von etwa 300 g
¼ l Wasser (Zimmertemperatur)

Die Weißwürste mit dem Wasser in ein passendes Gefäß legen. Zugedeckt etwa 2¾–5 Minuten bei *60* erwärmen. Dazu bayerischen (süßen) Senf, Brezeln und Bier servieren.

Zeit: 2¾–5 Minuten

Wiener Würstchen erwärmen

2 Paar Wiener Würstchen von etwa 130 g
⅛ l Wasser (Zimmertemperatur)

Die Würstchen mit dem Wasser in ein passendes Gefäß legen. Zugedeckt 2–3 Minuten bei *60* erwärmen.
Als Beilage frischen geriebenen Meerrettich oder scharfen Senf reichen.

Zeit: 2–3 Minuten

Bratwürste

4 Bratwürste (250–300 g)

Das Bräunungsgeschirr im Mikrowellenherd bei *100* 8 Minuten vorheizen. Sind die Bratwürste sehr prall gefüllt, etwas einstechen. Bräunungsgeschirr mit Öl bepinseln, die Würste

darauflegen und offen bei *100* auf jeder Seite etwa 2–3 Minuten bräunen lassen.
Dazu Senf und Bauernbrotschnitten reichen.

Gesamtgarzeit: 4–6 Minuten

Wurstragout mit Champignons

200 g Lyoner oder die gleiche Menge Wiener Würstchen
500 g frische Champignons
10 g Butter oder 1 EL Öl
2 EL feinstgehackte Zwiebeln
etwas Salz
je 1 Msp Thymian und Rosmarin
1 TL Instantmehl
⅛ l saure Sahne
1 EL gehackte Petersilie

Lyoner (Haut abziehen) oder Würstchen in Scheiben schneiden. Champignons putzen, kurz waschen und ebenfalls in Scheiben schneiden. In einer passenden Form Butter oder Öl und die Zwiebeln zugedeckt bei *100* im Mikrowellenherd etwa 3–5 Minuten dünsten. Champignons zugeben, salzen, würzen und zugedeckt bei *100* etwa 10–13 Minuten garen. Danach die Wurstscheiben einlegen, das Gericht mit Mehl bestäuben, gut durchrühren und nur bei Bedarf einige Tropfen Wasser zufügen. Nochmals bei *100* etwa 2–4 Minuten zugedeckt durchdünsten. Während dieser Zeit einmal umrühren. Das Ragout aus dem Herd nehmen, saure Sahne untermischen und mit Petersilie bestreut heiß zu Tisch geben.
Dazu schmecken Semmelknödel oder gedünsteter Reis.

Gesamtgarzeit: 15–22 Minuten

Gemüse und Gemüsegerichte

Im Mikrowellenherd gekocht, behält frisches Gemüse seine Struktur, sein appetitliches Aussehen und seinen Eigengeschmack.
Weil Gemüsearten unterschiedlich in ihrer Zusammensetzung sind, ist ihr Garvorgang ebenso unterschiedlich. Wasserhaltige, z. B. Blattgemüse, Tomaten und Gurken, eignen sich hervorragend für das Kochen im Mikrowellenherd. Man kann sie ohne Flüssigkeitszugabe garen, und es ist zu empfehlen, erst das fertige Gemüse mit Salz, einer passenden Geschmackszutat und etwas frischer Butter zu vervollkommnen.
Wasserärmere und faserige Gemüsearten, wie z. B. Bohnen, Karotten, Blumenkohl, soll man je nach ihrer Art möglichst fein zerkleinern und unter Beigabe von etwas Wasser garen. Einen festen Biß, den mancher liebt, werden sie immer behalten.
Gemüse werden geschlossen gegart, um unnötigen Feuchtigkeitsverlust zu verhindern. Während der Garzeit das Gemüse ein-, zweimal umrühren, um gleichmäßiges Garen zu erzielen.
Gemüse aus dem Tiefkühlgerät wird ebenso wie frisches Gemüse gegart, nur muß die Auftauzeit mit berechnet werden. Man muß einige Minuten zu der normalen Garzeit dazugeben, denn das tiefgefrorene Gemüse wird ohne Auftauen aus dem Tiefkühlgerät in den Mikrowellenherd gestellt. (Auftauzeiten siehe Tabelle Seite 269 f.)
Alle in den folgenden Rezepten angegebenen Zeitangaben hängen von der Ausgangstemperatur, der Beschaffenheit und der Menge der jeweiligen Speise ab. Sie können dadurch geringen Schwankungen unterliegen.

Grundregel bei Mengenveränderung:
Doppelte Menge – doppelte Zeit,
halbe Menge – halbe Zeit.

Geschirr:

Gefäße aus passendem Glas und fester Keramik mit Dekkel. Am besten Auflaufformen. Durch längere Garzeiten werden die Gefäße heiß, weil Dampf entsteht. Daher Vorsicht beim Öffnen des Geschirrs!

Einstellungstechnik nach Gerät, Zeitenerklärung siehe Seite 16 ff., »Anweisungen und Regeln«.

Spargel nach Mailänder Art

4 Portionen gekochte Stangenspargel (frisch oder aus der Dose)

125 g geriebener Parmesankäse
80 g Butter
1 EL gehackte Kräuter

Eine längliche Auflaufform ausbuttern, mit etwas geriebenem Käse bestreuen und den gut abgetropften Spargel lagenweise mit dem Käse einschichten. Die Spargelköpfe nur zum Abdecken mit Käse bestreuen. Mit Butterflöckchen belegen und im Mikrowellenherd etwa 3–5 Minuten erhitzen. Mit Kräutern bestreut zu Tisch geben.

Gesamtgarzeit: 3–5 Minuten

Spargelgemüse

500 g frischer Spargel
knapp ¼ l Wasser
1 gestrichener TL Salz
1 Prise Zucker
1 TL Mehl mit 25 g Butter verknetet
1 EL gehackte Petersilie

Spargel waschen, schälen und in etwa 4 cm lange Stücke schneiden. Mit dem Salzwasser und der Prise Zucker in eine passende Glas- oder Porzellanform geben. Zudecken und im Mikrowellenherd 12 Minuten bei *100* und etwa 10 Minuten bei *50* kochen. Dann die Mehlbutter einrühren und den Spargel 1 Minute bei *100* nochmals erhitzen. Mit Petersilie bestreut anrichten.
Dazu warmen Bierschinken oder geräucherte Schweinsrippen reichen.

Gesamtgarzeit: etwa 23 Minuten

Spargel Berliner Art

500 g frischer Spargel
knapp ¼ leicht gesalzenes Wasser
1 Msp Zucker
20 g Butter
reichlich braune Butter

Spargel schälen, waschen und in eine längliche Glasform füllen. Mit dem Salzwasser unter Zugabe von Zucker und Butter bedecken und erst 12–15 Minuten bei *100*, dann 8–11 Minuten bei *60* im Mikrowellenherd garen. Das Spargelwasser abgießen (für Suppe oder Sauce verwenden; oder auch kalt als Zugabe zum Frühstück trinken), den Spargel auf einer Platte anrichten, mit brauner Butter übergießen und heiß servieren.

Gesamtgarzeit: 20–25 Minuten

Variation:
Die Spargelstangen mit gerösteten Semmelbröseln bestreuen.

Stangenspargel in feiner Sauce

500 g gekochter Spargel (aus der Dose oder frisch gekocht, siehe »Spargel nach Berliner Art«, Seite 144)
¼ l Béchamelsauce (s. Seite 64)
Crème fraîche oder 1 Tasse geschlagene Sahne mit 100 g Frischkäse verrührt
etwas Salz
1 EL gehackte Petersilie

Den gut abgetropften Spargel in ein passendes, mit Butter ausgestrichenes Gefäß legen. Für die Sauce die nach Vorschrift zubereitete Béchamelsauce mit Crème fraîche verrühren und mit etwas Salz abschmecken. Die Sauce über dem Spargel verteilen und das Gericht zugedeckt 8–12 Minuten bei *100* im Mikrowellenherd garen. Aus dem Herd nehmen, noch 5–10 Minuten stehen lassen und mit Petersilie bestreut servieren.

Gesamtgarzeit: 8–12 Minuten

Variation:
Über die Sauce noch 100 g in kleine Würfel geschnittenen Emmentaler Käse streuen.

Junger Blattspinat

750 g Spinat
70 g Butter
je 1 Prise Salz
Zucker
Pfeffer und Muskatnuß
⅛ l frische Sahne

Spinat waschen und grob hacken. Mit der Butter in eine passende Form geben und zugedeckt im Mikrowellenherd bei *100* etwa 4–8 Minuten garen. Aus dem Herd nehmen und zugedeckt noch 5 Minuten stehen lassen. Inzwischen die Sahne im Mikrowellenherd 2–4 Minuten bei *100* erhitzen. Den Spinat würzen und mit der heißen Sahne begießen. Sofort servieren.
Dazu Rühreier und kleine Salzkartoffeln reichen.

Gesamtgarzeit: 6–10 Minuten

Spinatkrapfen

(etwa 12 Stück)

Zum Teig:
125 g Mehl
1 Ei
4 EL Wasser
etwas Salz
etwas Eiweiß
Zum Füllen:
100 g tiefgekühlter, aufgetauter Spinat
1 Ei
2–3 EL Semmelbrösel
50 g gehackter, gekochter Schinken
Salz, Muskat
Zum Kochen:
¾ l Salzwasser (Zimmertemperatur)
Zum Beträufeln:
20 g zerlassene Butter
Zum Bestreuen:
2 EL geriebener Käse

Aus Mehl, Ei, Wasser und Salz einen glatten Nudelteig bereiten. 30 Minuten zugedeckt ruhen lassen. Inzwischen die Fülle zubereiten. Dafür alle angegebenen Zutaten zusammen verrühren und abschmecken. Den Nudelteig messerrückendick ausrollen und mit einem Glas Plätzchen von etwa 7–8 cm Durchmesser ausstechen. In die Mitte der Hälfte der Plätzchen etwas Fülle verteilen. Die Ränder der zweiten Plätzchenhälfte mit Eiweiß bestreichen. Nun immer zwei Plätzchen aufeinander legen und die Ränder fest zusammendrücken. Das Salzwasser in etwa 6 Minuten bei *100* zugedeckt zum Kochen bringen. Wenn es kocht, die Krapfen einlegen und in 5–6 Minuten bei *100* wieder zum Kochen bringen. Dann 2 Minuten bei *50* fertig garen. Auf einem Sieb abtropfen lassen, in eine erwärmte Schüssel geben, mit heißer Butter beträufeln und mit Käse bestreut anrichten. Dazu eine Tomatensauce reichen.

Gesamtgarzeit: 7–8 Minuten

Auberginengemüse

500 g Auberginen
etwas Zitronensaft
1 mittelgroße, feingehackte Zwiebel
20 g Butter oder Margarine
etwas Salz und Pfeffer
½ TL Thymian
1 EL Tomatenpüree
3 EL saure Sahne

In einer Auflaufform mit Deckel Butter oder Margarine mit der Zwiebel im Mikrowellenherd 3–4 Minuten bei *100* geschlossen dünsten. Auberginen waschen, in kleinere Würfel schneiden, mit Zitronensaft beträufeln, mit den gedünsteten Zwiebeln vermischen und würzen. Die Auflaufform wieder schließen, in den Mikrowellenherd zurückstellen. Das Gemüse etwa 8 Minuten bei *100* und 8 Minuten bei *50* garen. Aus dem Herd nehmen, Tomatenpüree und saure Sahne unterrühren. 5 Minuten zugedeckt ruhen lassen.

Gesamtgarzeit: etwa 16 Minuten

Auberginen-Reis

250 g gedünsteter Reis (siehe Seite 190)
25 g Butter
500 g Auberginen
etwas Zitronensaft
1 EL Öl
2 EL Tomatenmark
2 EL gehackte Petersilie
etwas Salz

Den Reis warm stellen und mit der Butter bestreichen. Im Mikrowellenherd Bräunungsplatte 8 Minuten vorheizen. Auberginen waschen, der Länge nach in Scheiben schneiden und mit Zitronensaft beträufeln. Bräunungsplatte mit Öl bestreichen, die Auberginenscheiben darauflegen und etwa 4–5 Minuten auf jeder Seite bei *100* dünsten. Aus dem Herd nehmen und jede Auberginenscheibe mit dem Gemisch aus Tomatenmark, Petersilie und Salz bestreuen.
Den Reis bergartig auf einer vorgewärmten Platte anrichten und mit den Auberginen garnieren.
Zu dem Gericht verschiedene Salate reichen.

Gesamtgarzeit: 4–5 Minuten

Blumenkohl

(2–3 Personen)

1 kleiner Blumenkohl von etwa 500 g
¼ l Wasser
1 gestrichener TL Salz
2–3 EL Milch
50 g in Butter geröstete Semmelbrösel

Blumenkohl putzen und waschen. In eine passende Form das Wasser, Salz und die Milch geben. Den Blumenkohl einlegen, zudecken und im Mikrowellenherd bei *100* 7–12

Minuten, dann 8–10 Minuten bei *50* fertig garen. Aus dem Herd nehmen und zugedeckt noch 10 Minuten stehen lassen. Vor dem Servieren mit gerösteten Semmelbröseln bestreuen.

Gesamtgarzeit: 15–22 Minuten

Achtung:
Wenn man Blumenkohl in Röschen geteilt kocht, z. B. für Blumenkohlsalat, verkürzt sich die Kochzeit um etwa 3–5 Minuten.

Chicoréegemüse

500 g Chicorée
etwa ¼ l leicht gesalzenes Wasser
¼ l Béchamelsauce (s. Seite 64), verrührt mit 2 EL Sahne und mit Salz
je 1 Prise weißer Pfeffer, Zucker und etwa 1 TL Zitronensaft abgeschmeckt

Chicorée säubern, der Länge nach in Hälften teilen, den Strunk keilförmig mit einem spitzen Messer ausschneiden. In eine passende Form mit Deckel einordnen. Knapp mit Salzwasser bedecken und im Mikrowellenherd zugedeckt bei *100* etwa 10–12 Minuten garen. Noch vorhandene Flüssigkeit abgießen, die verfeinerte Béchamelsauce über das Gemüse verteilen und nochmals bei *100* für 2–3 Minuten in den Mikrowellenherd stellen.
Dazu gedünsteten Reis und Tomatensalat reichen.

Gesamtgarzeit: 12–14 Minuten

Blumenkohlpüree

1 mittelgroßer Blumenkohl
$\frac{1}{4}$ l leicht gesalzenes Wasser
$\frac{1}{8}$ l Sahne
30 g Butter
1 Eigelb
1 EL gewiegte Petersilie

Blumenkohl putzen, waschen und in Röschen teilen. In einer Auflaufform knapp mit Salzwasser bedeckt geschlossen im Mikrowellenherd bei *100* und dann bei *50* je 8–12 Minuten garen. Herausnehmen und zugedeckt noch 10 Minuten stehen lassen. Abtropfen, durch ein Sieb streichen oder im Mixer pürieren. Sahne, Butter und Eigelb gut unterrühren, in einer passenden Form bergartig anrichten und im Mikrowellenherd nochmals 1–2 Minuten bei *100* erwärmen. Mit Petersilie bestreuen und zu kleinen gebratenen Fleischstückchen reichen.

Gesamtgarzeit: 17–25 Minuten

Tomatenspeise nach Hausfrauenart

375 g Tomaten
30 g Butter
1 EL feingehackte Zwiebel
Salz
Pfeffer aus der Mühle
4 Eier
2 EL Milch
125 g gekochter, feingehackter Schinken
1 EL feingeschnittener Schnittlauch

Die Tomaten schälen, in Viertel schneiden. In einer passenden Form die Zwiebel im Mikrowellenherd bei *100* 2–3 Minuten offen andünsten, Tomatenviertel daraufgeben und zugedeckt 5–9 Minuten garen. Die Eier mit der Milch verrühren, über die Tomaten gießen, vorsichtig umrühren und nochmals kurz 1–2 Minuten bei *100* in den Mikrowellenherd stellen. Eier und Tomatensaft müssen sich verbunden haben. Die Speise mit Schinken und Schnittlauch bestreuen und heiß servieren. Dazu Toastscheiben reichen.

Gesamtgarzeit: 8½–14 Minuten

Brokkoli mit Champignons gedünstet

500 g Brokkoli
30 g Butter oder Margarine
1 EL feingeschnittene Zwiebel
125 g geputzte, in dünne Scheiben geschnittene Champignons
1/8 l gut abgeschmeckte Fleischbrühe
1 EL feingewiegte Petersilie

Brokkoli putzen und waschen. In einer passenden Form Butter oder Margarine 1–2 Minuten bei *30* im Mikrowellenherd zerlaufen lassen. Zwiebeln und Champignons 1 Minute offen darin dünsten. Brokkoli darauflegen (mit den Stielen nach außen und Röschen nach innen), mit Brühe begießen und zugedeckt im Mikrowellenherd erst 6–10 Minuten bei *100*, dann 4–8 Minuten bei *50* fertig garen. Herausnehmen, zugedeckt noch 10 Minuten stehen lassen und mit Petersilie bestreut zu körnig gekochtem Reis reichen.

Gesamtgarzeit: 12–18 Minuten

Gedünstete Champignons

200 g Champignons
30 g Butter
1 EL feingehackte Zwiebel
Salz
1 EL feingehackte Petersilie

Champignons putzen, kurz waschen und in Scheibchen schneiden. In einer Auflaufform oder einem anderen passende Gefäß die Zwiebel in der Butter geschlossen etwa 2 Minuten bei *100* andünsten. Die Pilze beigeben und wieder bei geschlossenem Gefäß 4–5 Minuten bei *100* dünsten. Mit Salz abschmecken und mit Petersilie bestreut servieren.

Gesamtgarzeit: 6–7 Minuten

Möhren, gedünstet

500 g Möhren
30 g Butter
¼ l Gemüsebrühe oder Wasser
je 1 Prise Salz und Zucker
1 EL feingehackte Petersilie

Die Möhren säubern und in feine Streifen schneiden. Mit der Gemüsebrühe in einem passenden Gefäß zugedeckt erst bei *100* etwa 10–15 Minuten, dann 5–8 Minuten bei *60* im Mikrowellenherd fertig garen. Aus dem Herd nehmen, mit Salz und Zucker abschmecken und noch 10 Minuten zugedeckt stehen lassen. Mit Petersilie bestreut servieren.

Gesamtgarzeit: 15–23 Minuten

Anmerkung:
Nach Belieben das fertige Gemüse mit einem Stückchen frischer Butter oder mit 3 EL süßer Sahne verfeinern.

Gurkengemüse

(2–3 Personen)

1 Gurke von 500–600 g
30 g Speck oder Fett
1 EL gehackte Zwiebel
Salz
je 1 Prise Pfeffer und Paprika
3–4 EL Wasser, falls die Gurke nicht sehr saftig ist
1 EL gehackte Petersilie
3 EL saure Sahne

Die Gurke schälen, waschen, der Länge nach halbieren, entkernen und in etwa 2 cm große Stücke schneiden. Den Speck in Würfel schneiden. Speckwürfel oder Fett und Zwiebel in einer passenden Form 2–3 Minuten bei *100* im Mikrowellenherd offen andünsten, das Gemüse zugeben, würzen, nach Bedarf etwas Wasser zugießen und zugedeckt 10–15 Minuten bei *100* fertig garen. Aus dem Herd nehmen, Petersilie und Sahne unterrühren und noch 5 Minuten zugedeckt stehen lassen. Dazu Hackbraten und Tomatensalat reichen.

Gesamtgarzeit: 12–17 Minuten

Variation:
Anstelle von Petersilie kann man frisches Dillkraut oder Borretsch verwenden.

Herzhaftes Mischgemüse

150 g in feine Streifen geschnittene Paprikaschote
250 g in kleine Würfel geschnittene Gemüse- oder Salatgurke
250–300 g in kleine Würfel geschnittene Aubergine
3–4 EL Öl
100 g gehackte Zwiebel
Salz
1 Msp Pfeffer
1 Prise Zucker
je ½ TL Thymian und Basilikum
¼ l Tomatensaft (aus der Dose)

In einer passenden Form das Öl mit der Zwiebel offen im Mikrowellenherd 2–3 Minuten bei *100* dünsten. Die Paprikastreifen zufügen und zugedeckt 5 Minuten weiter dünsten. Danach Gurken- und Auberginenwürfel einlegen, die Gewürze darüberstreuen und den Tomatensaft zugießen. Alles gut mischen, bei *100* in etwa 5–8 Minuten und 7–10 Minuten bei *50* fertig garen. Während dieser Zeit das Gemüse einmal durchrühren. Aus dem Herd nehmen, abschmecken und noch 5 Minuten zugedeckt stehen lassen.
Dazu körnig gekochten Reis servieren.

Gesamtgarzeit: 19–26 Minuten

Grüne Bohnen in moderner Sauce

1 Dose (390 g) gut abgetropfte Prinzeßbohnen
¼ l Béchamelsauce (s. Seite 64)
Crème fraîche oder 1 Tasse geschlagene Sahne mit 100 g Frischkäse verrührt
½ TL Rosenpaprika
etwas Salz
Pfeffer aus der Mühle
100 g in kleine Würfel geschnittener Chester- oder Emmentaler Käse
1 EL gehackte Petersilie

Die abgetropften Bohnen in ein passendes, mit Butter ausgestrichenes Gefäß geben. Für den Überguß die nach Vorschrift zubereitete Béchamelsauce mit Crème fraîche verrühren, mit Rosenpaprika, Salz und Pfeffer abschmecken. Den fertigen Guß über die Bohnen gießen, Käsewürfel darüber verteilen und das Gericht im Mikrowellenherd zugedeckt 8–12 Minuten bei *100* garen. Aus dem Herd nehmen, noch 5–10 Minuten stehen lassen und mit Petersilie bestreut servieren.
Zu gekochtem Rindfleisch und Salzkartoffeln reichen.

Gesamtgarzeit: 8–12 Minuten

Variation:
Anstelle der Bohnen die gleiche Menge gekochten, in Röschen geteilten Blumenkohl verwenden.

Kohlrabigemüse mit Schinken

500 g junge Kohlrabi
⅛ l fette Fleischbrühe
200 g roher gehackter Schinken
2 Eigelb
⅛ l Milch
1 EL feingewiegte zarte Kohlrabiherzblättchen

Kohlrabi schälen – Herzblättchen waschen und zum Bestreuen der Speise aufheben – und in dünne Scheiben schneiden. In eine passende Form einordnen, die Brühe zugießen und im Mikrowellenherd zugedeckt bei *100* 10–13 Minuten dünsten. Danach den gewiegten Schinken über dem Gemüse verteilen und nochmals bei *100* 5–7 Minuten dünsten. Dann die mit Milch verquirlten Eigelb über die Speise gießen und bei *60* in 3–6 Minuten fertig garen. Aus dem Herd nehmen, mit feingewiegten Kohlrabiherzblättchen bestreuen und bis zum Servieren noch 5 Minuten geschlossen stehen lassen.

Gesamtgarzeit: 18–25 Minuten

Lauch mit gerösteten Semmelbröseln

500 g geputzter Lauch
¼ l leicht gesalzenes Wasser
20 g Butterflöckchen
80 g in Butter geröstete Semmelbrösel

Den Lauch putzen, sehr gut waschen, große Stangen halbieren. Grüne Teile am unteren Ende etwas kürzen (für Suppe aufheben). Entweder die ganzen Lauchstangen in eine passende längliche Form einschichten oder sie in etwa 3–4 cm lange Stücke schneiden und in eine beliebige Form mit Deckel legen. Mit Salzwasser bedecken, mit Butterflöckchen belegen und im Mikrowellenherd erst bei *100* etwa 10–15 Minuten, dann 5–7 Minuten bei *50* garen. Aus dem Herd nehmen und noch 5 Minuten zugedeckt stehen lassen. Noch vorhandene Flüssigkeit (für Suppen oder Saucen verwenden) abgießen und mit gerösteten Semmelbröseln anrichten. Dazu Salzkartoffeln, gekochten Schinken und grünen Salat reichen.

Gesamtgarzeit: 15–22 Minuten

Lauchtorte

200 g Mehl
1 Prise Salz
1 Ei
100 g Butter
500 g Lauch (Porree)
200 g durchwachsener Speck
1 EL Öl
1 Prise Salz
1 Prise schwarzer Pfeffer
1 Prise Curry
300 g Schinkenwurst in Scheiben
2 Eier
¼ l saure Sahne
1 Prise Salz
1 Prise schwarzer Pfeffer

Das gesiebte Mehl mit dem Salz, dem Ei und der Butter verkneten und den Teig zugedeckt 60 Minuten im Kühlschrank ruhen lassen. Den Lauch halbieren, waschen und in dünne Scheibchen schneiden. Den Speck würfeln und im Öl goldgelb braten. die Lauchscheiben zugeben, mit Salz, Pfeffer und Curry würzen und alles 10 Minuten schmoren lassen. Den Backofen auf 200 Grad vorheizen. Den Teig ausrollen und Boden und Rand einer Spring- oder Pieform damit auslegen. Den Teigboden mehrmals mit einer Gabel einstechen, die Wurst enthäuten und auf dem Teigboden verteilen. Die Lauchfüllung daraufstreichen. Die Eier mit der sauren Sahne, dem Salz und dem Pfeffer verquirlen und über die Füllung gießen. Die Torte auf der zweiten Schiebeleiste von unten 45 Minuten backen. In der Form heiß servieren.

Lauch in Sauce

400 g vorbereiteter, in Stücke geschnittener Lauch
¼ l heißes Wasser
etwas Salz und Muskat
Mehlbutter von 30 g Butter und 30 g Mehl
2 EL Sahne

Zum Bestreuen:
1 EL gehackte Petersilie
2 EL geriebener Emmentaler

Die Lauchstücke mit Wasser, Salz und Muskat in eine Auflaufform geben und geschlossen im Mikrowellenherd etwa 6 Minuten dünsten. Butter und Mehl verkneten, in das Gemüse einrühren und zugedeckt etwa 4–6 Minuten bei *80* dünsten. Aus dem Mikrowellenherd nehmen, Sahne unterrühren, mit Petersilie und Käse bestreuen und 10 Minuten ruhen lassen.
Dazu neue Kartoffeln und grünen Salat reichen.

Gesamtgarzeit: 10–12 Minuten

Gemüsebrei als Beilage zu gekochtem Fleisch

250 g Karotten
250 g Sellerie
⅛ l Würfelbrühe
1 EL gehackte Petersilie

Das Gemüse putzen, fein raspeln und mit der Hälfte der Würfelbrühe in eine Auflaufform mit Deckel legen. Geschlossen im Mikrowellenherd 5–6 Minuten bei *100* garen. Aus dem Herd nehmen und 5 Minuten ruhen lassen. Wenn nötig, mit etwas heißer Brühe verdünnen und mit Petersilie bestreut anrichten.

Gesamtgarzeit: 5–6 Minuten

Weißkraut auf bayerische Art

1 kleiner Kopf Weißkraut (etwa 800 g)
30 g Schweinefett
1 gehackte Zwiebel
1 EL Zucker
1 mit der Schale geschnittener Apfel
Salz
1 Prise weißer Pfeffer
¼ l Brühe (Würfel) oder Wasser
1–2 EL Essig

Vom Kraut die schlechten Blätter entfernen, waschen, halbieren oder vierteln und fein schneiden oder hobeln. In einer passenden Form Fett, Zwiebel, Zucker und Apfelschnitze im Mikrowellenherd 2–3 Minuten bei *100* andünsten, das Kraut zugeben, mit Salz und Pfeffer würzen, die Flüssigkeit zugießen und alles gut umrühren. Zugedeckt im Mikrowellenherd erst 10–15 Minuten bei *100*, dann 12–18 Minuten bei *60* fertig garen, während der Garzeit ein- bis zweimal umrühren. Aus dem Herd nehmen, mit Essig und wenn nötig mit Salz abschmecken und das Gemüse noch 10 Minuten zugedeckt stehen lassen. Dazu gekochtes oder gebratenes Schweinefleisch und Semmelknödel reichen.

Gesamtgarzeit: 22–33 Minuten

Anmerkung:
Auf die gleiche Art kann auch Weinkraut zubereitet werden. In diesem Fall den Apfel weglassen und die Hälfte der Flüssigkeit durch Apfelwein oder Wein ersetzen.

Fenchel, gedünstet

400–500 g Fenchelknollen
¼ l fertige Fleischbrühe (auch aus der Dose)
½ Tasse leicht geschlagene süße Sahne
2 EL feingehackte Fenchelblätter

Fenchelknollen sorgfältig waschen, oberhalb der Knollen die grünen Blättchen entfernen und fein hacken. Bis zum Anrichten aufheben. Die harten Stengel der Fenchelknollen entfernen. Die Knolle selber in etwa ½ cm dicke Scheiben schneiden. Diese in eine breite Glas- oder Porzellanschüssel einordnen, mit der Brühe übergießen und zugedeckt im Mikrowellenherd etwa 7–12 Minuten bei *100* garen. Das fertige Gemüse mit der Sahne bedecken, mit feingehackten Fenchelblättchen bestreuen und heiß zu Tisch geben.

Gesamtgarzeit: 7–12 Minuten

Prinzeßböhnchen auf französische Art

500 g junge fadenlose Prinzeßbohnen
¼ l Salzwasser
1 Zweiglein Bohnenkraut
80 g in kleine Stücke zerteilte Butter
Salz, etwas Pfeffer
1 EL feingehackte Petersilie

Bohnen waschen, in ein passendes Gefäß geben, mit dem Salzwasser übergießen und unter Zugabe des Bohnenkrautes zugedeckt im Mikrowellenherd bei *100* etwa 8–10 Minuten garen. Dann herausnehmen, kalt überbrausen, abtropfen lassen, Bohnenkraut entfernen. Mit den Butterstückchen in eine Schüssel geben, mit Salz und Pfeffer würzen und etwa 1½–2½ Minuten im Mikrowellenherd bei *100* erhitzen. Mit frischer Petersilie bestreut heiß zu Tisch geben. Diese Böhnchen sind sehr gut als kleine Vorspeise.

Gesamtgarzeit: 9½–12½ Minuten

Krautgemüse pikant

500 g gehobeltes oder feingeschnittenes Weißkraut
100 g in kleine Würfel geschnittener Räucherspeck
2 EL gehackte Zwiebel
1 zerdrückte Knoblauchzehe
Salz
½ Tasse Wasser
1 Prise Zucker
1 TL grüne Pfefferkörner
200 g gehäutete, in Viertel geteilte Tomaten
⅛ l saure Sahne
2 EL feingewiegte, frische grüne Paprikaschote

In einer passenden Deckelform Speckwürfel, Zwiebel und Knoblauch 4–5 Minuten bei *100* im Mikrowellenherd dünsten, das Weißkraut, Wasser und Gewürze zugeben, alles gut mischen und zugedeckt bei *100* 6–10 Minuten garen. Die geteilten Tomaten zufügen, umrühren und 15–20 Minuten bei *50* fertig garen. Aus dem Herd nehmen, die saure Sahne unterrühren, abschmecken und noch 10 Minuten stehen lassen. Das Gemüse mit feingewiegter Paprikaschote bestreuen und mit Salzkartoffeln servieren.

Gesamtgarzeit: 25–35 Minuten

Blaukraut (Rotkohl)

1 Packung (450 g) tafelfertiges tiefgefrorenes Blaukraut
½ Tasse Wasser
1 Schuß Rotwein oder
1 EL Johannisbeergelee

Das gefrorene Kraut in ein passendes Geschirr legen, mit Wasser begießen und im Mikrowellenherd zugedeckt etwa 8–12 Minuten bei *100* auftauen und erhitzen. Den Geschmack mit Rotwein oder Johannisbeergelee verbessern. Zu Wild oder Hackbraten reichen.

Gesamtgarzeit: etwa 8–12 Minuten

Blaukraut (Rotkohl) frisch

1 kg feingeschnittenes Blaukraut
40 g Fett
1 feingehackte Zwiebel
1 säuerlicher, gewaschener, mit der Schale geschnitzelter Apfel
1 EL Zucker oder die entsprechende Menge Süßstoff
Salz
$\frac{1}{4}$ l Wasser
2–3 EL Essig
1 Msp Nelkenpulver
nach Wunsch ein Gläschen Rotwein

Das Fett in einer passenden großen Schüssel $\frac{1}{2}$–1 Minute bei *30* im Mikrowellenherd zerlaufen lassen, Zwiebel, Apfelschnitze und Zucker zufügen und etwa 2 Minuten bei *100* dünsten. Dann das Blaukraut zugeben, salzen, gut umrühren, das Wasser untergießen und zugedeckt erst bei *100* 8–13 Minuten, dann bei *60* 20–30 Minuten garen lassen. Während der Garzeit das Kraut ab und zu umrühren. Mit Essig und Nelkenpulver abschmecken, den Geschmack nach Bedarf noch etwas mit Salz und Zucker verbessern, mit Rotwein verfeinern. Bis zum Anrichten 5–10 Minuten zugedeckt stehen lassen.

Gesamtgarzeit: 30–40 Minuten

Rosenkohl auf italienische Art

500 g Rosenkohl
$\frac{1}{4}$ l leicht gesalzenes Wasser
1 EL Öl
50 g geriebener Parmesankäse
40 g flüssige Butter

Rosenkohl putzen und waschen. Um gleichmäßiges Weichwerden zu erzielen, schneidet man, besonders bei den größeren Röschen, den Strunk kreuzweise ein. Die so vorbereiteten Röschen in ein passendes Geschirr geben, Salzwasser und Öl darübergießen. Im Mikrowellenherd zugedeckt erst bei *100* etwa 16–20 Minuten, dann 12–18 Minuten bei *50* fertig garen, während dieser Zeit einmal vorsichtig umrühren. Herausnehmen und noch 10 Minuten zugedeckt stehen lassen. Dann abgetropft auf eine Anrichteschüssel geben, mit Käse bestreuen, mit zerlassener Butter beträufeln und nochmals etwa 2 Minuten bei *100* im Mikrowellenherd erhitzen.

Gesamtgarzeit: 30–38 Minuten

Gefüllte Paprikaschoten

2 große Paprikaschoten (400–500 g)
4–5 EL Wasser
Zur Fülle:
200 g Schweinehackfleisch
50 g gekochter Reis
1 TL geriebene Zwiebel
1 Ei
Salz und Pfeffer
je 1 Prise Muskat und Thymian
Paprika
20 g Butterflöckchen
1 Rezept Tomatensauce (s. Seite 64)

Paprikaschoten der Länge nach halbieren, entkernen und die Scheidewände herausschneiden. Mit kochendem Wasser übergießen, zudecken und 5 Minuten stehen lassen. Danach abtropfen lassen, leicht salzen und füllen. Für die Fülle das Hackfleisch mit den angegebenen Zutaten gut vermischen und kräftig abschmecken. Die gefüllten Paprikaschoten in eine passende, gut ausgefettete Form legen, das Wasser zugießen und zugedeckt 3–5 Minuten bei *100* im Mikrowellenherd dünsten. Danach die Oberfläche der Paprikaschoten mit Paprika bestreuen, mit je einem Butterflöckchen belegen und die Sauce mit in die Form geben. Zugedeckt 5–10 Minuten bei *100* fertig garen.

Gesamtgarzeit: 8–15 Minuten

Variation:
Fülle mit Pilzen
250–300 g gedünstete Pilze mit 100 g gekochtem Reis, Salz, etwas Curry und 1 EL gehackter Petersilie gut vermischen und in die vorbereiteten Paprikaschoten füllen.

Grünkohl

750 g Grünkohl
50 g Schweine- oder Gänsefett
1 gehackte Zwiebel
Salz
je 1 Prise Pfeffer und Muskat
¼ l Wasser oder Brühe

Von den Kohlblättern die dicken Rippen abschneiden, die Blätter gründlich waschen und grob schneiden oder hacken. In einer Auflaufform das Fett ½–1 Minute bei *100* im Mikrowellenherd erhitzen, die Zwiebel zugeben und 2 Minuten bei *100* offen dünsten. Dann den Kohl darauflegen, würzen, mit Wasser oder Brühe begießen und im Mikrowellenherd zugedeckt erst 8–13 Minuten bei *100*, dann 20–30 Minuten bei *60* fertig garen. Während dieser Zeit das Gemüse öfters umrühren. Aus dem Herd nehmen und noch 10 Minuten zugedeckt stehen lassen.
Zu gekochtem oder gebratenem Rindfleisch oder Hackbraten reichen.

Gesamtgarzeit: 40–55 Minuten

Wirsing

1 Kopf Wirsing (etwa 750 g)
30 g Fett oder Öl
1 EL feingehackte Zwiebel
1 mit etwas Salz zerdrückte Knoblauchzehe
1/8 l gut abgeschmeckte Fleischbrühe
etwas Salz, Pfeffer und Muskat
2–3 EL Sahne oder Bratensaft

Den Wirsing waschen, in Viertel teilen und diese in feine Streifen schneiden. Im Fett oder Öl die Zwiebel und Knoblauchzehe in einer passenden geschlossenen Form 2–3 Minuten bei *100* im Mikrowellenherd andünsten. Das Gemüse, Fleischbrühe und Gewürze hineingeben, alles gut verrühren und zugedeckt erst bei *100* etwa 4–7 Minuten, dann bei *60* etwa 15–20 Minuten fertig garen. Während der Garzeit das Gemüse ein- bis zweimal umrühren. Aus dem Herd nehmen, Sahne oder Bratensaft unterrühren, abschmecken und den Wirsing bis zum Servieren noch 5–10 Minuten zugedeckt stehen lassen. Zu gekochtem oder gebratenem Rindfleisch mit Salzkartoffeln reichen.

Gesamtgarzeit: 20–29 Minuten

Gefüllte Gurke

700–800 g Salatgurke
(1 große oder 2 kleine Gurken)
etwas Salz und Pfeffer
30 g Fett
2 EL gehackte Zwiebel
⅛ l Brühe

Zur Fülle:
250 g Hackfleisch
1 TL geriebene Zwiebel
1 zerdrückte Knoblauchzehe (kann auch wegbleiben)
1 Ei
Salz und Pfeffer
1 EL gehackte Petersilie
etwas Paprikagewürz

Gurke schälen, beide Enden abschneiden und auf bitteren Geschmack prüfen, in etwa 4 cm große Stücke schneiden, diese aushöhlen und leicht mit Salz und Pfeffer bestreuen. Für die Fülle alle Zutaten mischen und den Fleischteig pikant abschmecken. Die Gurkenstücke damit füllen. In einer passenden Form die Zwiebel im Fett bei *100* 2–3 Minuten offen im Mikrowellenherd dünsten, dann die Gurkenstücke so in die Form einordnen, daß die Mitte etwas frei bleibt. Brühe angießen und geschlossen bei *100* 10–12 Minuten im Mikrowellenherd dünsten, danach die Gurkenstücke wenden, das Fleisch auf der Oberseite der Gurkenstücke mit Paprika bestreuen und das Gericht etwa 10–12 Minuten bei *80* fertig garen. Dazu Salzkartoffeln oder gedünsteten Reis reichen.

Gesamtgarzeit: 22–27 Minuten

Anmerkung:
Die Sauce zum Schluß mit 2 EL Tomatenmark und 3 EL saurer Sahne verfeinern.

Vegetarischer Hackbraten

500 g gekochte verschiedene Gemüse (es kann auch gefrorenes Mischgemüse sein)
50 g gehackte Walnüsse
2 EL gehackte Petersilie
2 Eier
100 g in Gemüsebrühe eingeweichtes Weißbrot
nach Bedarf 1–2 EL Semmelbrösel
Kräutersalz

Die Gemüse fein hacken. Mit allen anderen Zutaten in der angegebenen Reihenfolge gut vermischen und abschmekken. In eine ausgefettete, längliche Glasform füllen und in den Mikrowellenherd stellen. 8 Minuten bei *100*, anschließend 3–4 Minuten bei *50* garen lassen.
Es paßt dazu eine Kräuter- oder Tomatensauce.

Gesamtgarzeit: 11–12 Minuten

Gemüsebratlinge

375 g gekochte Karotten und Kohlrabi (der kleinere Teil Kohlrabi)
1 Ei
1 eingeweichte, ausgedrückte Semmel
Semmelbrösel nach Bedarf
2 EL gehackte Petersilie
Selleriesalz
Pfeffer
Zum Ausbacken:
2 El Öl

Die Gemüse kleinschneiden, mit 2 EL Gemüsebrühe im Mixer pürieren oder, wenn kein Mixer vorhanden ist, durch ein Sieb streichen. Dafür müssen die Gemüse sehr weich gekocht sein. Den Gemüsebrei mit den übrigen Zutaten vermischen und soviel Semmelbrösel beigeben, daß sich Bratlinge formen lassen. Diese in Bröseln wenden. Im Mikro-

wellenherd das Bräunungsgeschirr 5 Minuten bei *100* vorheizen, rasch mit Öl bestreichen und die Bratlinge sofort hineinlegen. 2 Minuten in der gespeicherten Hitze auf der einen Seite braten, dann die Laibchen wenden und 2 Minuten bei *100* und 1 Minute bei *50* fertig braten.
Zu Kartoffelpüree und Salaten reichen.

Gesamtgarzeit: etwa 5 Minuten

Sauerkraut

250 g Sauerkraut aus der Dose
30 g Fett
1–2 EL gehackte Zwiebel
nach Bedarf Salz
etwa ¼ l Wasser
Zucker oder einige Spritzer Essig
1 kleiner geriebener Apfel

Das Fett ½–1 Minute im Mikrowellenherd bei *30* zerlassen, die Zwiebel darin bei *100* etwa 2–3 Minuten dünsten. Das gelockerte, nach Wunsch etwas zerkleinerte Sauerkraut zugeben, das Wasser untergießen und bei *50* im Herd garen. Während dieser Zeit das Kraut 2–3mal wenden. Abschmekken, den geriebenen Apfel untermischen und bis zum Servieren noch zugedeckt 5–10 Minuten stehen lassen.

Gesamtgarzeit: 13½–20 Minuten

Zucchinigemüse

500 g Zucchini
3/8 l Salzwasser
Mehlbutter aus 40 g Butter und 30 g Mehl
Salz
etwas Zitronensaft
1 EL gehackte Petersilie
Zum Legieren:
1 Eigelb

Zucchini waschen, schälen und in Scheiben schneiden. Mit dem Salzwasser in ein passendes Geschirr geben und 4–5 Minuten zugedeckt im Mikrowellenherd bei *100* zum Kochen bringen. Die Mehlbutter einrühren und das Gericht nochmals zugedeckt etwa 2 Minuten bei *100* und 5 Minuten bei *75* garen. Die Petersilie unterrühren und mit Eigelb legieren.

Gesamtgarzeit: etwa 12 Minuten

Gratinierte Tomaten

4 große Tomaten (etwa 500 g)
20 g Butter
200 g kleingeschnittene grüne Paprikaschote
50 g gehackte Zwiebel
2 Tassen gekochter Reis
Salz, Pfeffer
100 g geriebener Emmentaler

Tomaten waschen, abtrocknen, einen Deckel abschneiden und vorsichtig aushöhlen. Butter, Paprika und Zwiebel in einem Glas- oder Porzellangefäß vermischen, zugedeckt in den Mikrowellenherd stellen und etwa 2 Minuten bei *100* dünsten. Aus dem Herd nehmen, den Reis und die Hälfte des Käses daruntermischen und mit Salz und Pfeffer abschmecken. Die Masse in die Tomaten füllen. Nebeneinander in eine passende Auflaufform setzen, mit dem rest-

lichen Käse bestreuen und zugedeckt in den Mikrowellenherd stellen. 2–3 Minuten bei *100* erhitzen. Der Käse muß geschmolzen sein.
Dazu grünen Salat reichen.

Gesamtgarzeit: etwa 5 Minuten

Zucchini mit Tomaten

(2–3 Portionen)

300 g Zucchini
250 g geschälte Tomaten
20 g Butter oder Margarine
50 g gehackte Zwiebeln
Salz, Pfeffer
3 EL saure Sahne
1 EL gehackte Petersilie
2–3 EL geriebener Käse

Zucchini waschen, große schälen und bei kleinen die Schale daran lassen. In Scheiben schneiden, die Tomaten würfeln. In einer passenden Glas- oder Porzellanschüssel die Butter oder Margarine etwa 1 Minute bei *100* schmelzen lassen. Zucchini hineingeben, mit der Zwiebel vermischen und zugedeckt im Mikrowellenherd etwa 3 Minuten dünsten. Dann die Tomaten beifügen, das Gemüse mit Salz und Pfeffer würzen und zugedeckt im Mikrowellenherd etwa 3 Minuten bei *100* fertig garen. Die Sahne unterrühren, mit Käse bestreuen und am besten zu einem Hackbraten reichen.

Gesamtgarzeit: 6–7 Minuten

Tomaten mit bunter Reisfülle

6 mittelgroße Tomaten
Salz und Pfeffer
100 g (Rohgewicht) gekochter Reis
50 g gekochter Magerschinken
50 g Erbsen (aus der Dose oder tiefgekühlt und aufgetaut)
1 Ei getrennt
3 EL Brühe
1 EL geriebener Käse
1 TL gehackte Petersilie
6 kleine Butterflöckchen

Tomaten waschen, einen Deckel abschneiden, aushöhlen, innen leicht mit Salz und etwas Pfeffer würzen. Den Schinken fein wiegen, mit Reis, Erbsen und dem mit der Brühe verschlagenen Eigelb mischen, dann Käse, Petersilie und zum Schluß den steifen Eischnee unterheben. Die Masse in die Tomaten füllen, die Deckel aufsetzen und in einer passenden Form so anordnen, daß die Mitte frei bleibt. Auf jede Tomate ein Butterflöckchen setzen und offen bei *100* im Mikrowellenherd garen.

Gesamtgarzeit: 4–6 Minuten

Gefüllte Tomaten

4 mittelgroße, feste Tomaten
Salz, Pfeffer
125 g Kalbsbrät
Petersilienblättchen

Ein passendes Geschirr mit Öl ausstreichen. Tomaten waschen, abtrocknen, einen Deckel abschneiden und aushöhlen. Abtropfen lassen, innen mit Salz und Pfeffer bestreuen. Das Kalbsbrät in vier Portionen teilen und in die Tomaten geben. Die Deckel daraufsetzen und offen im Mikrowellenherd etwa 2½–5 Minuten bei *100* garen.

Gesamtgarzeit: 2½–5 Minuten

Krautwickerl

4 große oder 8 kleine Krautblätter
⅛ l leicht gesalzenes Wasser
Fülle aus:
250 g Schweinehack
1 EL Zwiebel
Salz, Pfeffer
1 Ei
1 altbackene, eingeweichte und gut ausgedrückte Semmel
40 g Schweinefett
⅛ l Wasser
1 EL Tomatenmark
1 EL Paprikamark
ein kleines Päckchen (62,5 g) Frischkäse oder 3 EL saure Sahne

Die Krautblätter mit Wasser in den Mikrowellenherd geben und 1–2 Minuten bei *100* vorgaren. Abtropfen lassen, abflachen, die Fülle in die Krautblätter einwickeln und mit einem Baumwollfaden zusammenbinden. Bräunungsgeschirr bei *100* 8 Minuten vorheizen. Dann Fett und Krautwickerl hineingeben und bei *100* auf beiden Seiten je 3–6 Minuten bräunen. Flüssigkeit untergießen und zugedeckt bei *60* 3–7 Minuten garen. Aus dem Herd nehmen und noch 5–10 Minuten zugedeckt stehen lassen. Für die Sauce den Frischkäse oder die Sahne mit dem Tomaten- und Paprikamark verrühren und in den Krautsaft einschlagen. Das Gericht, wenn nötig, noch einmal 1–2 Minuten bei *100* im Mikrowellenherd erwärmen.

Gesamtgarzeit: 10–20 Minuten

Zwiebelgemüse

500 g Speisezwiebeln
30 g Schweinefett (kann auch wegbleiben)
1 TL Salz
½ TL Paprika edelsüß
1 Msp weißer Pfeffer

Eine Auflaufform oder Glasschüssel mit Schweinefett ausfetten. Die Zwiebeln schälen, halbieren und in Streifen schneiden. Salz mit den Gewürzen verrühren und unter die Zwiebeln mischen. Zugedeckt in den Mikrowellenherd stellen. 3 Minuten bei *100*, dann das Gemüse umrühren und 7 Minuten bei *50* garen. Aus dem Mikrowellenherd nehmen und 10 Minuten ruhen lassen.
Als Beilage zu gekochtem Fleisch reichen.

Gesamtgarzeit: etwa 10 Minuten

Zwiebeln à la Crème Soubise

500 g gleichmäßig große Zwiebeln
etwas Salz
Pfeffer und Muskat
¼ l Milch
80 g Butter
1 EL Mehl
einige Tropfen Zitronensaft

Die Zwiebeln häuten, halbieren oder in Viertel (je nach Größe) schneiden. Im Bräunungsgeschirr die Hälfte der Butter 1½–2 Minuten bei *80* offen anbräunen, die Zwiebelstücke einordnen und dabei in der Mitte der Schüssel einen kleinen freien Platz lassen. Das Gemüse mit Salz, Pfeffer und Muskat würzen, die Milch darübergießen und 10–15 Minuten bei *100* geschlossen im Mikrowellenherd garen. Die restliche Butter mit dem Mehl verkneten und in kleinen Klümpchen über den Zwiebeln verteilen. Zugedeckt nochmals 2–4 Mi-

nuten bei *100* fertig garen, aus dem Herd nehmen und 5 Minuten stehen lassen. Danach mit einigen Tropfen Zitronensaft abschmecken.
Zu gekochtem Rindfleisch oder zu Fisch reichen.

Gesamtgarzeit: 13½–20 Minuten

Eintopfgerichte

Die uralte Kochart, alles in einem Topf zu kochen, gelingt im Mikrowellenherd hervorragend: lange Garzeiten werden verkürzt, man spart Energie, und das gefürchtete Anbrennen der Eintöpfe gibt es nicht mehr. Das Geschirr bleibt sauber und kann aus dem Herd auf den Tisch gestellt werden.
Zu beachten ist: Die Zutaten mit kurzer Garzeit unten in das Gefäß einschichten, die Zutaten mit der längsten Garzeit sollen das Gericht abdecken. Während der Garzeit die obere Schicht einmal umwenden.
Alle in den folgenden Rezepten angegebenen Zeitangaben hängen von der Ausgangstemperatur, der Beschaffenheit und der Menge der jeweiligen Zutaten ab. Sie können dadurch geringen Schwankungen unterliegen.

Grundregel bei Mengenveränderung:
Doppelte Menge – doppelte Zeit,
halbe Menge – halbe Zeit.

Geschirr:
Auflaufform oder ähnliche Gefäße aus Glas, Porzellan und fester Keramik mit Deckel.

Einstellungstechnik je nach Gerät, Zeitenerklärung siehe Seite 16 ff., »Anweisungen und Regeln«.

Rindfleischeintopf mit Gemüse

400 g Rindfleisch
20 g Fett
2 EL gehackte Zwiebel
½ l Wasser
250 g in feine Ringe geschnittener Lauch
250 g geputzte, in feine Streifen geschnittene gelbe Rüben
100 g in feine Streifen geschnittener Sellerie
Salz
200 g gekochter Reis
2 EL gehackte Petersilie

Das Fleisch in kleine Würfel schneiden. In einer passenden Form Fett und gehackte Zwiebeln 2–3 Minuten im Mikrowellenherd bei *100* offen dünsten, die Fleischwürfel zugeben und 10–15 Minuten bei *100* dünsten. Das Wasser untergießen, vorbereitete Gemüse und Salz zugeben und zugedeckt bei *100* zum Kochen bringen, dann bei *60* etwa 10–15 Minuten fertig garen. Reis und Petersilie untermischen und nochmals 2–3 Minuten bei *100* im Mikrowellenherd erhitzen. Herausnehmen und 5 Minuten zugedeckt stehen lassen.

Gesamtgarzeit: 35–45 Minuten

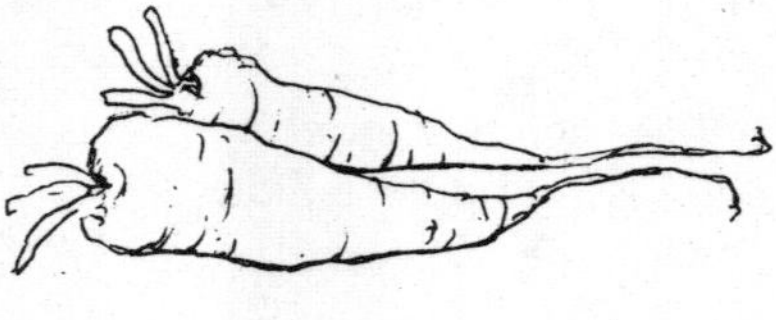

Bulgarisches Reisfleisch

500 g Schweinefleisch
3 EL Öl
200 g in Viertel geteilte Zwiebeln
2 zerdrückte Knoblauchzehen
1 TL Salz
1 Msp Pfeffer
1 TL Paprikapulver edelsüß
1 kleine Dose Tomatenmark
250 g enthäutete, geviertelte Tomaten
250 g in Streifen geschnittene Paprikaschote
½ l Fleischbrühe
200 g Langkornreis

Bräunungsschüssel 6 Minuten bei *100* vorheizen. Das Schweinefleisch in kleine Würfel schneiden, mit dem Öl in die Bräunungsschüssel geben und zugedeckt bei *100* 5–8 Minuten braten, dann Zwiebelviertel und zerdrückte Knoblauchzehen zugeben, mit Salz, Pfeffer und Paprika würzen, Tomatenmark unterrühren und Tomatenviertel und Paprikastreifen darüber verteilen. Zugedeckt 8–10 Minuten bei *100* dünsten. Danach die Fleischbrühe untergießen und den Reis hineinmischen. Den Eintopf bis zum Kochpunkt – etwa 6–8 Minuten bei *100* erhitzen und 15–20 Minuten bei *60* fertig garen. Aus dem Herd nehmen und noch 10 Minuten stehen lassen.

Gesamtgarzeit: 35–45 Minuten

Rindfleischeintopf mit Weißkraut

300 g Rindfleisch (Bruststück)
$\frac{1}{4}$ l Wasser oder Brühe (Würfel)
500 g feingeschnittenes Weißkraut
250 g grüne Paprikaschoten in Streifen geschnitten
250 g geschälte, in Viertel oder Achtel geschnittene Tomaten
Salz
Pfeffer aus der Mühle
$\frac{1}{8}$ l Wasser oder Brühe (Würfel)
500 g geschälte, in Scheiben geschnittene Kartoffeln

Das Fleisch mit dem Wasser oder Brühe in ein passendes Gefäß geben und im Mikrowellenherd zugedeckt etwa in 12 Minuten bei *100*, dann bei *50* etwa 18–24 Minuten garen. Danach Kraut, Paprika und Tomaten darübergeben, mit Salz und Pfeffer würzen, Wasser oder Brühe zugießen, zudecken und bei *100* etwa 12–16 Minuten garen. Danach die Kartoffelscheiben darauflegen und bei *100* weitere 5–8 Minuten, anschließend 12–16 Minuten bei *50* fertig garen. Aus dem Herd nehmen, das Fleisch in kleine Würfel schneiden, mit dem Kraut vermischen und zugedeckt noch 5–10 Minuten stehen lassen. Falls nötig, mit etwas Suppenwürze abschmekken. Mit Tomatensaft zu Tisch geben.

Gesamtgarzeit: 55–60 Minuten

Fleischtopf nach österreichischer Art

500 g Rind- oder Schweinefleisch (mager)
50 g Fett oder Öl
250 g feingehackte Zwiebeln
2 zerdrückte Knoblauchzehen
500 g geschälte, in Viertel geschnittene Tomaten oder 1 große Dose geschälte Tomaten
Salz und Pfeffer
⅛ l Ketchup

Das Bräunungsgeschirr 6 Minuten bei *100* vorheizen, inzwischen das Fleisch in kleine Würfel schneiden. Fett, Zwiebel und Knoblauch (kann auch wegbleiben) hineingeben und offen 2–3 Minuten im Mikrowellenherd bei *100* dünsten. Dann das Fleisch hineingeben und zugedeckt 10–12 Minuten bei *100* durchbraten. Danach Tomatenviertel und Gewürze zufügen, umrühren, Tomatenketchup darübergießen und zugedeckt wieder in den Mikrowellenherd stellen. Bei *100* in etwa 3 Minuten zum Kochen bringen und 20–30 Minuten bei *60* garen. Das fertige Gericht aus dem Herd nehmen und zugedeckt 5 Minuten stehen lassen. Das Fleisch und der Tomatensaft müssen sich gänzlich verbinden, wodurch ein Andicken der Sauce unnötig wird. Sollte man keine saftigen Tomaten zur Verfügung haben, muß man noch etwas Wasser zufügen.
Zu diesem Gericht gedünsteten Reis oder Salzkartoffeln reichen.

Gesamtgarzeit: 55–60 Minuten

Frühlingseintopf

250 g junge Pariser Karotten oder Möhren
1/8 l Brühe oder Wasser
300 g frische, enthülste Erbsen oder 1 Paket tiefgefrorene
40 g Butter oder Margarine
2 EL gehackte Zwiebel
300 g Hackfleisch (halb Rind, halb Schwein), mit Salz, Pfeffer, 1 TL geriebener Zwiebel und 1 EL frischer Petersilie abgeschmeckt
Zum Belegen:
100 g in kleine Würfel geschnittener Emmentaler Käse

In einem passenden Gefäß Butter oder Margarine mit der Zwiebel offen 2–3 Minuten bei *100* im Mikrowellenherd andünsten. Pariser Karotten im Ganzen oder Möhren in Würfel geschnitten daraufgeben, 1/8 l Flüssigkeit untergießen und geschlossen 4–7 Minuten bei *100* dünsten. Dann die Erbsen darüber verteilen und das Gemüse nochmals 3–5 Minuten bei *100* dünsten. Jetzt mit dem gut abgeschmeckten Hackfleisch bedecken und die Käsewürfel darüberstreuen. Im Mikrowellenherd fertig garen: 5–8 Minuten bei *100* und 8–10 Minuten bei *50*. Aus dem Herd nehmen und noch 5 Minuten stehen lassen. Dazu grünen Salat reichen.

Gesamtgarzeit: 25–35 Minuten

Lecso

500 g Paprikaschoten
500 g Tomaten
100 g in Ringe geschnittene Zwiebel
40 g Fett
Salz
30 g in Scheiben geschnittene Debreciner oder eine andere ähnliche Wurstart

Paprikaschoten entkernen, waschen und in Streifen, Tomaten schälen und in Viertel schneiden. In einem passenden

Gefäß Fett und Zwiebel im Mikrowellenherd bei *100* offen etwa 2–3 Minuten andünsten, Paprikastreifen und Tomatenviertel daraufgeben, salzen und zugedeckt bei *100* etwa 5–8 Minuten ankochen, dann etwa 3–5 Minuten bei *60* so lange dünsten, bis die Tomaten eingekocht sind. Aus dem Herd nehmen, die Wurstscheiben untermischen und zugedeckt noch 5–10 Minuten stehen lassen.

Gesamtgarzeit: 10–16 Minuten

Anmerkung:
Anstelle der Wurst kann man über das Gericht auch 2–3 verquirlte Eier gießen. In diesem Falle alles nochmals in den Mikrowellenherd stellen und die Eier bei *100* stocken lassen. Einmal in dieser Zeit kräftig durchrühren.

Sauerkrauttopf

(3 Portionen)

1 kleine Dose Sauerkraut (185 g)
100 g roher, in kleine Würfel geschnittener Speck
1 Apfel (etwa 150 g), geschält und in Scheiben geschnitten
⅛ l Würfelbrühe
3 EL Crème fraîche

Den Boden einer Auflaufform mit einem Drittel des Sauerkrauts belegen. Darauf die Hälfte der Schinkenwürfel und darüber die Hälfte der Apfelscheiben geben. Diese Einordnung nochmals wiederholen und mit Sauerkraut abdecken. Die Brühe angießen und die obere Sauerkrautschicht mit Crème fraîche bestreichen. Zugedeckt in den Mikrowellenherd stellen und 6 Minuten bei *100* und etwa 3 Minuten bei *75* garen.
Dazu ein Glas kühles Bier trinken.

Gesamtgarzeit: etwa 9 Minuten

Laucheintopf
(3 Portionen)

300 g etwa 1 cm dick geschnittener Lauch
20 g Butter oder Margarine
1/8 l Würfelbrühe
2 Tassen gekochter Reis
150 g in kleine Würfel geschnittene Schinkenwurst
Salz
2–3 EL geriebener Parmesan

In einer passenden Glas- oder Porzellanform die Butter oder Margarine im Mikrowellenherd etwa 1 Minute bei *100* schmelzen lassen. Die Lauchringe hineingeben, die Brühe untergießen und etwa 10 Minuten zugedeckt bei *100* dünsten. Während dieser Zeit einmal umrühren. Den Reis und die Schinkenwurst untermischen, die Speise mit Salz abschmecken und zugedeckt in den Herd zurückstellen. Etwa 3 Minuten bei *100* erhitzen. Aus dem Herd nehmen und zugedeckt 5 Minuten ruhen lassen. Mit Parmesan bestreut zu Tisch geben.
Dazu grünen oder Tomatensalat reichen.

Gesamtgarzeit: etwa 14 Minuten

Kartoffel-Gemüse-Eintopf
(3 Personen)

20 g Margarine
50 g gewürfelter durchwachsener Speck
2 EL gehackte Zwiebel
1 gehackte Knoblauchzehe
125 g geraspeltes Gemüse (Karotte und Sellerie)
250 g geschälte, in kleine Würfel geschnittene Kartoffeln
1/2 l Würfelbrühe
Zum Bestreuen:
1 EL gehackte Petersilie

Bräunungsgeschirr im Mikrowellenherd 6–8 Minuten bei *100* vorheizen. Das Geschirr aus dem Ofen nehmen und gleichzeitig Margarine, Speckwürfel, Zwiebel und Knoblauch darin anbräunen. Das Gemüse beigeben, alles gut verrühren, dann die Kartoffelwürfelchen untermischen und mit der warmen Brühe auffüllen. Wenn die Brühe mild gewürzt ist, noch etwas Salz und Pfeffer hinzugeben. Die Bräunungsschüssel schließen, in den Mikrowellenherd stellen und 6–7 Minuten bei *100* bis zum Kochpunkt erhitzen, 2 Minuten bei *100* kochen lassen, dann 10 Minuten bei *50* fertig garen. Aus dem Herd nehmen und 10 Minuten geschlossen ruhen lassen. Mit Petersilie bestreut servieren.

Gesamtgarzeit: etwa 18 Minuten

Kartoffelgulasch mit Wurst

(3 Personen)

50 g durchwachsener Räucherspeck
20 g Butter
1 große, gehackte Zwiebel
400 g geschälte, in Stäbchen geschnittene Kartoffeln
etwas Salz und Pfeffer
½ TL Thymian
⅛ l heißes Wasser
200 g in Würfel geschnittene Fleischwurst
½ TL Paprikamark
1 TL Tomatenmark
2–3 EL saure Sahne

Bräunungsgeschirr 2–3 Minuten im Mikrowellenherd bei *100* vorheizen. Den gewürfelten Speck mit der Butter und der Zwiebel hineingeben und offen 3 Minuten bei *100* andünsten. Dann die Kartoffelstäbchen hinzufügen, mit Salz, Pfeffer und Thymian würzen und das heiße Wasser angießen. Alles gut vermischen. Zugedeckt 7 Minuten bei *100* dünsten. Dann die Wurstwürfel hinzufügen und wieder geschlossen bei *100* etwa 3 Minuten und bei *50* etwa 2 Minuten fertig garen. Das Gericht mit Paprikamark, Tomatenmark und saurer Sahne verfeinern.

Gesamtgarzeit: etwa 15 Minuten

Kartoffeln und Kartoffelgerichte

Ohne Kartoffeln geht es nicht. Die Mikrowellen garen Kartoffeln schnell, neue Kartoffeln ohne Wasserzugabe und Kartoffeln der Herbsternte mit nur wenig Wasser. Das gilt für kleinere Mengen bis 500 g. Müssen größere Mengen zubereitet werden, ist das Kochen am traditionellen Herd rentabler.

Alle in den folgenden Rezepten angegebenen Zeitangaben hängen von der Ausgangstemperatur, der Beschaffenheit und der Menge der jeweiligen Speise ab. Sie können dadurch geringen Schwankungen unterliegen.

Grundregel bei Mengenveränderung:

Doppelte Menge – doppelte Zeit,
halbe Menge – halbe Zeit.

Geschirr:

Gefäße aus Glas, Porzellan und fester Keramik mit Deckel, Bräunungsschüssel für spezielle Zubereitungsarten.

Einstellungstechnik je nach Gerät, Zeitenerklärung siehe Seite 16 ff., »Anweisungen und Regeln«.

Bratkartoffeln roh

500 g Kartoffeln
etwas Öl

Kartoffeln waschen, schälen und in ½–¾ cm dicke Scheiben schneiden. Das Bräunungsgeschirr im Mikrowellenherd bei *100* 8 Minuten vorheizen und mit Öl bestreichen. Die mit Küchenpapier abgetrockneten Kartoffelscheiben nach Möglichkeit nebeneinander darauflegen und offen bei *60* braten. Während der Bratzeit die Kartoffelscheiben einmal wenden. Herausnehmen, mit Salz bestreuen und als Beilage zu Fleisch und Gemüsegerichten reichen.

Gesamtgarzeit: 4–7 Minuten

Hoppel-Poppel

(2 Personen)

500 g in der Schale gekochte Kartoffeln
50 g geräucherter Speck
2 Eier
2 EL Milch
50 g Schinkenwürfel
2 EL feingeschnittener Schnittlauch
etwas Salz und Pfeffer

Das Bräunungsgeschirr im Mikrowellenherd bei *100* 6 Minuten vorheizen. Die Kartoffeln schälen und in Scheiben, den Speck in Würfel schneiden. Speckwürfel und Kartoffelscheiben in das heiße Bräunungsgeschirr geben und offen bei *60* 4–7 Minuten anbraten. Während dieser Zeit einmal wenden. Die Eier mit der Milch und den übrigen Zutaten gut verquirlen, die Masse über die gebratenen Kartoffeln gießen, durchrühren und bei *50* nochmals ½–2 Minuten in den Mikrowellenherd stellen, bis die Eier gestockt sind.
Dazu grünen Salat reichen.

Gesamtgarzeit: 4½–9 Minuten

Kartoffeln mit Hammelfleisch

500 g in der Schale gekochte Kartoffeln
375 g gekochtes Hammelfleisch
½ l Fleischbrühe (vom Hammel)
30 g Margarine, mit 30 g Mehl verknetet
etwas Salz
Pfeffer
Knoblauchpulver
3–4 EL Sahne
2 EL gehackte Petersilie
Tomatenscheiben

Die Kartoffeln schälen und mit dem Hammelfleisch in etwa 2 cm große Würfel schneiden. Die Brühe im Mikrowellenherd bei *100* in etwa 3–5 Minuten zum Kochen bringen. Das mit dem Fett verknetete Mehl einrühren, würzen, alle übrigen Zutaten in die Sauce geben und zugedeckt bei *100* nochmals 3–5½ Minuten erhitzen. Aus dem Herd nehmen, noch 5–10 Minuten zugedeckt stehen lassen. Mit Tomatenscheiben garnieren und sofort servieren.

Gesamtgarzeit: 6–10½ Minuten

Salzkartoffeln

500 g Kartoffeln
8 EL Wasser
Salz
1 Msp Kümmel

Kartoffeln waschen, schälen und in Viertel schneiden. Mit dem kalten gesalzenen Wasser und dem Kümmel in ein passendes Geschirr geben und zugedeckt im Mikrowellenherd 12–14½ Minuten bei *100* garen. Aus dem Herd nehmen und noch 10 Minuten stehen lassen. Nach 5 Minuten das überschüssige Wasser abgießen.

Gesamtgarzeit: 12–14½ Minuten

Kartoffelpüree

500 g Kartoffeln
8 EL Wasser
½ TL Salz
etwa ⅛ l heiße Milch
20 g Butter
etwas Muskat

Kartoffeln waschen, schälen und in Viertel schneiden. Mit dem kalten gesalzenen Wasser in ein passendes Geschirr geben und bei *100* im Mikrowellenherd zugedeckt 12–14½ Minuten garen. Aus dem Herd nehmen und 10 Minuten geschlossen stehen lassen. Inzwischen die Milch im Mikrowellenherd etwa 1½ Minuten bei *100* erhitzen (siehe Seite 254). Die Kartoffeln abgießen, zerstampfen oder durch eine Kartoffelpresse drücken. Mit der heißen Milch und der Butter gut durchschlagen, mit Muskat würzen und nochmals etwa 1 Minute kurz im Mikrowellenherd erwärmen.

Gesamtgarzeit: 15–17 Minuten

Kartoffeln in der Schale gekocht

500 g (6–7 Stück) Kartoffeln
8 EL Wasser

Kartoffeln gut waschen. Mit kaltem Wasser in einem passenden Geschirr in den Mikrowellenherd stellen und zugedeckt 13–15½ Minuten bei *100* garen. Dann aus dem Herd nehmen und noch 10 Minuten stehen lassen.

Gesamtgarzeit: 13–15½ Minuten

Anmerkung:
Neuen Kartoffeln vor dem Garen niemals die Schale einstechen. Ohne Wasserbeigabe garen.

Kartoffelgemüse

500 g in der Schale gekochte Kartoffeln
20 g Fett
2 EL gehackte Zwiebel
20 g Mehl
¼ l Fleischbrühe
etwas Salz und Muskat
3–4 EL saure Sahne
1 EL gehackte Petersilie

Kartoffeln schälen und in Scheiben schneiden. Fett und Zwiebel in einem passenden Geschirr im Mikrowellenherd 2–3 Minuten bei *100* andünsten, Kartoffelscheiben zugeben, mit Mehl bestäuben, umrühren, mit Brühe auffüllen und würzen. Etwa 7–10 Minuten bei *100* geschlossen garen. Das fertige Gericht aus dem Herd nehmen, saure Sahne und Petersilie untermischen, wenn nötig noch abschmecken und zugedeckt 5 Minuten stehen lassen.
Zu gekochtem Rindfleisch oder Fleischpflanzeln reichen.

Gesamtgarzeit: 9–13 Minuten

Kartoffelplätzchen

250 g am Vortag gekochte Kartoffeln
100–150 g Mehl
1 kleines Ei
Salz
50 g Fett (Öl, Butter- oder Schweineschmalz)

Das Bräunungsgeschirr im Mikrowellenherd 8 Minuten bei *100* vorheizen. Kartoffeln schälen und reiben. Auf dem Brett aus Mehl, Ei und Salz rasch einen Kartoffelteig bereiten. Nicht stehen lassen! Aus dem Teig 4 gleichmäßig große Plätzchen formen, flachdrücken und zusammen mit dem Fett in das vorgeheizte Bräunungsgeschirr legen. Von jeder Seite 2–4½ Minuten bei *60* bräunen lassen.

Heiß als Beilage zu Wildgerichten oder Rinderbraten reichen.

Gesamtgarzeit: 4–9 Minuten

Kartoffeln in verschiedenen Saucen

500 g gekochte, geschälte und in Scheiben geschnittene Kartoffeln

Sauce nach Wahl:
Béchamel-, Tomaten-, Dill-, Kräuter- oder Käsesauce

Die gewünschte Sauce nach Vorschrift zubereiten, die Kartoffelscheiben hineingeben und das Gericht geschlossen etwa 3–6 Minuten bei *100* im Mikrowellenherd erwärmen.

Gesamtgarzeit: 3–6 Minuten

Bouillonkartoffeln

(2–3 Personen)

500 g Kartoffeln – am besten mehlige
¾ l Fleischbrühe
125 g Lauch und 10 g gelbe Rübe in Ringe geschnitten
etwas Salz und Pfeffer
¼ TL Majoran
250 g gekochtes Rindfleisch
2 EL gehackte Petersilie

Kartoffeln waschen, schälen und in Würfel schneiden. In einem passenden Gefäß Kartoffelwürfel, Gemüse und Brühe geschlossen im Mikrowellenherd bei *100* in 7–10 Minuten zum Kochen bringen und 8–12 Minuten bei *60* fertig garen. Mit den Gewürzen abschmecken, das in Würfel geschnittene Rindfleisch zugeben und alles noch einmal 2–3 Minuten bei *100* erhitzen. Aus dem Herd nehmen und mit Petersilie bestreut servieren.

Gesamtgarzeit: 18–25 Minuten

Kartoffelsuppe

250 g geschälte, in kleine Würfel geschnittene Kartoffeln
250 g geputztes, zerkleinertes Suppengemüse (Möhre, Sellerie, Petersilienwurzel, Lauch)
2 EL gehackte Zwiebel
50 g in Würfel geschnittener Speck oder die gleiche Menge Fett
20 g Mehl
knapp 1 l Wasser oder Brühe
Salz, Pfeffer
Suppenwürze
nach Wunsch 1 zerdrückte Knoblauchzehe
1 EL gehackte Petersilie oder Schnittlauch

In einem hohen Gefäß Kartoffelwürfel, Zwiebel, Gemüse, Speckwürfel oder Fett im Mikrowellenherd offen etwa 5–7 Minuten bei *100* andünsten, mit Mehl bestäuben, Wasser oder Brühe untergießen, Gewürze dazugeben und geschlossen bei *100* in 7–10 Minuten zum Kochen bringen, dann 8–12 Minuten bei *50* fertig garen. Mit Petersilie bestreut anrichten.

Gesamtgarzeit: 20–25 Minuten

Teigwaren, Reis und andere Beilagen

Sämtliche Teigwaren und Reis benötigen eine bestimmte Quellzeit, die auch die Mikrowellen nicht beschleunigen können. Hingegen bewähren sich die Mikrowellen beim Aufwärmen dieser Speisen ideal. Man braucht keine neue Flüssigkeitszugabe, keinen neuen Fettstoff und nichts brennt an. An dieser Stelle sei noch erwähnt, daß man im Mikrowellenherd nicht fritieren kann. Eine gleichmäßige Fettemperatur kann er nicht halten.

Alle in den folgenden Rezepten angeführten Zeitangaben hängen von der Ausgangstemperatur, der Beschaffenheit und der Menge der jeweiligen Speise ab. Sie können dadurch geringen Schwankungen unterliegen.

Grundregel bei Mengenveränderung:

Doppelte Menge – doppelte Zeit,
halbe Menge – halbe Zeit.

Geschirr:

Passend große Gefäße (Flüssigkeitsmenge bedenken) aus Glas, Porzellan und fester Keramik mit Deckel.

Einstellungstechnik je nach Gerät, Zeitenerklärung siehe Seite 16 ff., »Anweisungen und Regeln«.

Anmerkung:

Beim Kochen von Teigwaren ist keine wesentlich größere Menge als jeweils angegeben empfehlenswert.
Beim Kochen von Reis ist zu beachten, daß sich bei Mengenveränderung dies auf die Ankochzeit auswirkt; die Quellzeit hingegen bleibt immer die gleiche.

Reis gedünstet

250 g Langkornreis
1 EL Öl
2 EL gehackte Zwiebel
½ l gut abgeschmeckte Brühe oder leicht gesalzenes Wasser

Alle Zutaten in ein passendes Gefäß geben und zugedeckt im Mikrowellenherd bei *100* in etwa 6–8 Minuten zum Kochen bringen, dann etwa 20 Minuten bei *30* garen. Den Reis aus dem Herd nehmen und 10 Minuten zugedeckt nachquellen lassen.

Gesamtgarzeit: 26–30 Minuten

Krabbenreis

250 g gedünsteter Reis (s. oben)
125 g Krabben
50 g Butter, mit 2 EL feingewiegten Kräutern verknetet
1–2 TL Curry

Unter den fertigen Reis die Krabben, Kräuterbutter und Curry mischen.
Dazu grünen Salat reichen.

Erdbeerreis

1 Rezept Milchreis (s. Seite 191)
250 g Erdbeeren
Zucker nach Geschmack
1 Gläschen Orangenlikör
⅛ l steifgeschlagene Sahne
einige ganze Erdbeeren

Den Milchreis erkalten lassen, die Erdbeeren durch ein Sieb streichen oder im Mixer pürieren. Erdbeermus, Zucker und

Orangenlikör unter den Reis mischen, zum Schluß die steife Sahne unterheben und kalt, mit einigen frischen Erdbeeren garniert, servieren.

Milchreis

100 g Rundkornreis
½ l kalte Milch
1 Msp Salz
20–30 g Zucker
nach Wunsch ein Stückchen dünn abgeschnittene Zitronenschale

Alle Zutaten in ein passendes Gefäß geben und zugedeckt im Mikrowellenherd bei *100* in etwa 5–7 Minuten zum Kochen bringen, dann etwa 12–15 Minuten bei *30* garen. Den Reis aus dem Herd nehmen und mindestens 10 Minuten zugedeckt nachquellen lassen.

Gesamtgarzeit: 17–22 Minuten

Anmerkung:
Der Zucker kann durch Süßstoff ersetzt werden.

Orangenreis

1 Rezept Milchreis (s. oben) mit der abgeriebenen Schale 1 ungespritzten Orange gekocht
Saft ½ Orange
⅛ l geschlagene Sahne
Orangenspalten

In den abgekühlten Milchreis den Orangensaft einrühren, die steifgeschlagene Sahne unterheben und kalt stellen. Mit Orangenspalten garniert servieren.

Risotto

250 g Langkornreis
1 EL Öl
3/8 l gut abgeschmeckte Hühnerbrühe
1/8 l herber Weißwein
Safran
2 Eigelb
100 g geriebener Parmesankäse

Reis, Brühe, Weißwein und Safran in ein passendes Gefäß geben, zudecken und im Mikrowellenherd bei *100* in etwa 6–8 Minuten zum Kochen bringen, dann etwa 20 Minuten bei *30* garen. Den Reis aus dem Herd nehmen, die Eigelb unterrühren und zugedeckt 10 Minuten nachquellen lassen. Vor dem Servieren den geriebenen Käse locker mit einer Gabel untermischen.
Dazu Tomaten- und Spargelsalat reichen.

Gesamtgarzeit: 25–30 Minuten

Frühlings-Reisgericht

200 g gedünsteter Reis (s. Seite 190)
200 g in Würfel geschnittenes Hühnerfleisch
100 g feingewiegter roher Schinken
100 g abgetropfte Erbsen aus der Dose
250 g gekochte, etwa 2 cm lange Spargelstücke
1 Rezept Béchamelsauce (s. Seite 64)
200 g Butterflöckchen
30 g geriebener Parmesankäse

In eine passende Form abwechselnd die angegebenen Zutaten einschichten, mit Reis abschließen. Die Béchamelsauce darübergießen, mit Butterflöckchen belegen und mit Käse bestreuen. Geschlossen in den Mikrowellenherd stellen und bei *100* etwa 6–8 Minuten, dann bei *50* etwa 7–9 Minuten garen.

Gesamtgarzeit: 13–17 Minuten

Reissspeise »Bozena«

1 Rezept Milchreis (s. Seite 191), mit einem Stückchen Stangenzimt gekocht
200 g Zwetschgenmus
1 Schuß Slibowitz
⅛ l geschlagene Sahne
2 EL geriebene Mandelblättchen

Den Milchreis erkalten lassen, Zwetschgenmus und Slibowitz einrühren, zum Schluß die geschlagene Sahne unterheben. Mit Mandelblättchen überstreuen und kalt servieren.

Bandnudeln

1 l Salzwasser
250 g Bandnudeln
20–30 g Butter

In einer passenden Form das Salzwasser zugedeckt im Mikrowellenherd bei *100* in etwa 9–13 Minuten zum Kochen bringen. Die Nudeln hineingeben und zugedeckt bei *100* in etwa 3–4 Minuten zum Kochen bringen, danach umrühren und 6–9 Minuten bei *50* garen lassen. Die fertigen Nudeln abgießen, mit kaltem Wasser abschrecken und vor dem Anrichten mit etwas Butter nochmals bei *100* etwa 3–5 Minuten erwärmen.

Gesamtgarzeit: 25–30 Minuten

Anmerkung:
Auf die gleiche Art können Makkaroni, Spaghetti oder andere Teigwaren zubereitet werden.

Variation:
Über die fertigen Nudeln 100 g geriebenen Parmesankäse streuen oder 200 g kleingeschnittenen, gekochten Schinken untermischen.

Nudeln in Eierrahm

250 g Bandnudeln
Salzwasser
2 Eier, mit ⅛ l Sahne und
50 g geriebenem Käse
verrührt
nach Bedarf etwas Salz

Die Nudeln nach Vorschrift kochen (s. Seite 193), jedoch nicht mit kaltem Wasser abbrausen, sondern nur das restliche Kochwasser abgießen. Den Eierrahm unter die heißen Nudeln mischen und alles zugedeckt 1–2 Minuten bei *100* in den Mikrowellenherd stellen. Dann herausnehmen und 5 Minuten stehen lassen.
Als Beilage zu Gemüsen oder Salaten reichen.

Gesamtgarzeit: 20–25 Minuten

Kräutercreme als Beilage zu Fisch

Je 1 EL frische oder tiefgefrorene Kräuter, wie Sauerampfer, Spinat, Kresse, Petersilie, Estragon, Dill
1 TL Salbei und Rosmarin
⅛ l Wasser
1 TL Instantmehl
1 Frischkäse (62,5 g)
1 Tasse geschlagene Sahne
1 EL feingeschnittener Schnittlauch

Die Kräuter mit dem Wasser im Mikrowellenherd zugedeckt bei *100* etwa 2–3 Minuten erhitzen. Aus dem Herd nehmen und zugedeckt noch 5 Minuten stehen lassen. Danach durch ein Sieb gießen. In den Kräutersaft das Mehl einrühren und nochmals 1–2 Minuten im Mikrowellenherd bei *100* erhitzen. Aus dem Herd nehmen, den Frischkäse einrühren, die Sauce gut durchschlagen und die Sahne und den Schnittlauch untermischen.

Gesamtgarzeit: 3–5 Minuten

Gefüllte Äpfel mit Sauerkraut

4 mittelgroße Äpfel
1 EL Öl
1 EL grob gehackte Zwiebel
1 kleiner geschälter, in Stücke geschnittener Apfel
100 g zerkleinertes Sauerkraut
1 TL Johannisbeergelee
1 Schuß Weißwein

Die Äpfel waschen, abtrocknen, aushöhlen und in eine passende Auflaufform setzen. Für die Füllung Öl und Zwiebel in einem kleinen feuerfesten Gefäß im Mikrowellenherd offen bei *100* etwa 2–3 Minuten andünsten. Dann die Apfelstücke und das Sauerkraut zugeben und bei Bedarf 2–3 EL Wasser untergießen. Zugedeckt bei *100* 3–6 Minuten garen. Aus dem Herd nehmen, mit Johannisbeergelee abschmecken und in die ausgehöhlten Äpfel füllen. Den Weißwein angießen und die Äpfel im Mikrowellenherd offen etwa 5–8 Minuten bei *100* garen.
Als Beilage zu Kasseler und Kartoffelgerichten reichen.

Gesamtgarzeit: 10–17 Minuten

Weintrauben als Beilage zu gekochtem Fleisch

250 g blaue Weintrauben
10 g Butter

Weintrauben waschen und entkernen. Im Mikrowellenherd Butter in einer Auflauf- oder Glasform mit geschlossenem Deckel ½ Minute bei *100* zerlaufen lassen. Die Weintrauben einlegen und offen etwa 1–2 Minuten bei *75* dünsten. Sie sollen nicht zerkochen. Über das angerichtete Fleisch verteilen.

Gesamtgarzeit: 1–2½ Minuten

Kartoffelbällchen in Corn Flakes gewendet

¼ l Milch
6–7 EL Kartoffelpüree-Fertigprodukt
etwas Salz
3 EL Öl
5–6 EL zerbröselte Corn Flakes

Die Milch in einem höheren breiten Gefäß aus Porzellan oder Glas in etwa 4–5 Minuten im Mikrowellenherd zum Kochen bringen. Aus dem Mikrowellenherd nehmen und das Kartoffelpüree mit dem Salz gut einschlagen. Die Masse muß sich formen lassen. Wenn sie etwas abgekühlt ist, kleine Bällchen daraus drehen und diese in Corn Flakes wenden. Bräunungsschüssel oder -platte 6 Minuten bei *100* im Mikrowellenherd vorheizen. Aus dem Herd nehmen, das Öl darauf verteilen und rasch die Kartoffelbällchen darauf setzen. Wieder in den Herd stellen und 1 Minute bei *50* die untere Seite der Bällchen bräunen. Dann den Herd öffnen, die Bällchen in dem geöffneten Herd wenden und in der restlichen gespeicherten Hitze bei geschlossenem Herd die zweite Seite bräunen lassen. Den Mikrowellenherd nicht mehr einschalten.
Zu Fleisch- und Gemüsegerichten reichen.

Gesamtgarzeit: 5–6 Minuten

Quarkknödel mit Grieß

375 g Magerquark
2 Eier
ca. 75 g Grieß
½ TL Salz
nach Wunsch abgeriebene Schale ½ ungespritzten Zitrone
Zum Kochen:
½ l leicht gesalzenes Wasser

In einer passenden Glas- oder Porzellanschüssel das Salzwasser im Mikrowellenherd zugedeckt 6–7 Minuten bei *100* zum Kochen bringen. Inzwischen den Quark mit allen Zutaten zu einer glatten Masse verrühren, diese in länglicher Form in ein nasses Tuch einschlagen. Den Knödel in das kochende Salzwasser mit den Tuchenden legen, zudecken und erst etwa 5 Minuten bei *100* das Wasser wieder zum Kochen bringen, danach etwa 8 Minuten bei *75* garen. Das Geschirr aus dem Herd nehmen und 5 Minuten ruhen lassen. Aus der Serviette nehmen, den Knödel in Scheiben schneiden.
Zu Fleisch- oder Gemüsegerichten oder zu Kompotten servieren.

Gesamtgarzeit: etwa 13 Minuten

Anmerkung:
Die angerichteten Knödelscheiben kann man noch mit brauner Butter begießen oder mit gerösteten Semmelbröseln bestreuen.

Böhmische Semmelknödel

350 g Mehl
1 Msp Backpulver
½ TL Salz
2 kleine Eier
⅛ l Milch
100 g in 30 g Butter geröstete Semmelwürfel
Zum Kochen:
¾ l leicht gesalzenes Wasser

Mehl mit Backpulver und Salz gut vermischen, Eier und Milch einrühren und den Teig gut abschlagen. Erkaltete Semmelwürfel untermischen. In einer Glas- oder Porzellanform das Salzwasser im Mikrowellenherd zugedeckt in 7–10 Minuten (kommt auf die Wassertemperatur an) bei *100* zum Kochen bringen. Aus dem Knödelteig mit nassen Händen einen länglichen Laib formen, in das Wasser legen, das Gefäß schließen und wieder bei *100* in etwa 5 Minuten zum Kochen bringen. Dann das Mikrowellengerät auf *50* schalten und den Knödel noch 5 Minuten fertig garen. Aus dem Herd nehmen und zugedeckt 10 Minuten stehen lassen.
In Scheiben schneiden und auf einer vorgewärmten Platte anrichten.
Zu Fleischgerichten, Gemüsen oder Saucen reichen.

Wasser bis zum Kochpunkt erhitzen: etwa 7–10 Minuten
Gesamtgarzeit: etwa 10 Minuten

Tiroler Knödel

(8 Stück)

5 altbackene Semmeln
25 g Butter
50 g Speck
50 g geräuchertes Fleisch oder gekochter Schinken
1 EL feingehackte Zwiebel
¼ l Milch
2 Eier
1 EL gehackte Petersilie
Salz und Pfeffer
Mehl nach Bedarf
Zum Kochen:
½ l leicht gesalzenes Wasser

Semmeln in kleine Würfel schneiden und in eine Schüssel geben. Ebenso den Speck, Geräuchertes oder Schinken. Die Butter im Mikrowellenherd 1 Minute bei *100* zerlaufen lassen. Speck, geräuchertes Fleisch oder Schinken und die gehackte Zwiebel darin zugedeckt im Mikrowellenherd 2 Minuten bei *100* anlaufen lassen. Über die Semmelwürfel gießen. In der Milch die Eier mit Petersilie, Salz und Pfeffer gut verquirlen und ebenfalls über die Semmelwürfel gießen. Die Masse gut vermischen und 10 Minuten stehen lassen. Dann so viel Mehl einarbeiten, daß sich Knödel gut formen lassen. Das Salzwasser im Mikrowellenherd in etwa 6–8 Minuten bei geschlossenem Geschirr bei *100* zum Kochen erhitzen, die Klöße einlegen und etwa 3 Minuten bei *100* und 2 Minuten bei *50* garen. Während dieser Zeit die Knödel einmal umdrehen. Aus dem Mikrowellenherd nehmen und noch zugedeckt 5 Minuten ruhen lassen. Mit einem Sieblöffel herausnehmen, gut abtropfen lassen.
Zu Sauerkraut, Gemüsen oder Salaten reichen.

Gesamtgarzeit: 15–16 Minuten

Sauerampfer als Beilage

250 g geputzte, entstielte Sauerampferblätter
Salz
1 Prise Zucker
3–4 EL Sahne oder Milch

Vorbereitete Sauerampferblätter waschen, abtropfen lassen und grob wiegen. In ein passendes Gefäß geben und im Mikrowellenherd zugedeckt etwa 2½–4 Minuten bei *100* garen. Aus dem Herd nehmen, umrühren, mit Salz und Zucker abschmecken und gut mit der Sahne vermischen.
Eine sehr gute Beilage zu gekochtem Rindfleisch mit gedünstetem Reis.

Gesamtgarzeit: 2½–4 Minuten

Serviettenknödel
(2 Personen)

3 altbackene, in Würfel geschnittene Semmeln
2 Eier,
mit ⅛ l Milch und etwas Salz verquirlt
etwa 80 g Mehl
½ l Wasser

Die Eiermilch über die Semmelwürfel gießen und mindestens 10 Minuten ziehen lassen. Dann das Mehl nach Bedarf einarbeiten. Aus der Masse einen länglichen Knödel formen. Ein Tuch in kaltem Wasser einweichen, ausdrücken und den Knödel darin einwickeln. In einem passenden Geschirr im Mikrowellenherd bei *100* das Wasser in etwa 8–10 Minuten zum Kochen bringen. Den Knödel einlegen (Tuchende mit ins Wasser geben), zudecken und bei *100* erneut in etwa 9–11 Minuten zum Kochen bringen. Weitere 2–4 Minuten ko-

chen lassen, dann etwa 5–8 Minuten bei *50* garen. Den Knödel herausnehmen und in Scheiben schneiden.
Zu gebratenem Fleisch und Gemüsen reichen.

Gesamtgarzeit: 25–30 Minuten

Aufläufe und Puddinge

Besonders bei diesen Gerichten ist es angenehm, daß die sonst üblichen langen Garzeiten wegfallen. Im Backofen braucht ein Auflauf normal fast 1 Stunde. Im Mikrowellenherd etwa 12–16 Minuten! Das umständliche Kochen eines Puddings im Wasserbad – welche Hausfrau hat das nicht gescheut? Die Mikrowelle kann das ohne Wasserbad in etwa 8–10 Minuten!
Überzeugen Sie sich selber, doch beachten Sie:
Alle in den folgenden Rezepten angegebenen Zeitangaben hängen von der Ausgangstemperatur, der Beschaffenheit und der Menge der jeweiligen Speise ab. Sie können dadurch geringen Schwankungen unterliegen.

Grundregel bei Mengenveränderung:
Doppelte Menge – doppelte Zeit,
halbe Menge – halbe Zeit.

Anmerkung:
Bei Aufläufen und besonders bei Puddingen sollte man die Mengen nicht wesentlich vergrößern.

Geschirr:
Auflaufformen aus Glas, Porzellan und Glaskeramik mit Deckel, Puddingformen aus Glas und fester Keramik.

Einstellungstechnik je nach Gerät, Zeitenerklärung siehe Seite 16 ff., »Anweisungen und Regeln«.

Kartoffelauflauf mit Hackfleisch

500 g in der Schale gekochte Kartoffeln (s. Seite 185)
2 EL Öl
375 g Hackfleisch
1 gehackte Zwiebel
1 zerdrückte Knoblauchzehe
1 EL Tomatenmark
1 TL Paprikamark (aus der Tube)
Salz
Pfeffer aus der Mühle
¼ l Würfelbrühe
1 Ei
1 Eigelb
3 EL Frischkäse

Kartoffeln schälen und in dünne Scheiben schneiden. Bräunungsgeschirr 4 Minuten bei *100* erhitzen, erst das Öl hineingeben, dann das Fleisch mit der Zwiebel und Knoblauch 1–3 Minuten bei *100* offen andünsten. Aus dem Herd nehmen, mit Tomaten- und Paprikamark, Salz und Pfeffer pikant abschmecken. Eine Auflaufform fetten und abwechselnd Kartoffelscheiben und Fleisch einschichten. Mit Kartoffelscheiben abdecken. Würfelbrühe mit Ei, Eigelb und Frischkäse verquirlen und über den Auflauf gießen. Im Mikrowellenherd offen 4–6 Minuten bei *100* erhitzen und etwa 10–14 Minuten bei *50* garen lassen.

Gesamtgarzeit: 15–25 Minuten

Nudelauflauf mit Schinken und Quark

250 g gekochte Nudeln
250 g Quark
125 g gekochter, gewürfelter Schinken
1 Dose Tomatenmark
3 Eier
⅛ l saure Sahne
etwas Salz und Paprikagewürz
50 g geriebener Käse
Zum Belegen:
2 EL geriebener Käse
30 g Butterflöckchen

Eine Auflaufform mit Deckel ausfetten. Nudeln gut abtropfen lassen. Den Quark mit den Schinkenwürfeln, Tomatenmark, Eiern und saurer Sahne verrühren, mit Salz und Pfeffer abschmecken. In die Auflaufform abwechselnd Nudeln und Quarkmasse einfüllen, auf jede Quarkschicht etwas Käse streuen. Mit Nudeln schließen, mit Käse und Butterflöckchen bedecken. Zugedeckt im Mikrowellenherd 17–25 Minuten bei *100* garen. Aus dem Herd nehmen und 5–10 Minuten stehen lassen.

Gesamtgarzeit: 17–25 Minuten

Quarkauflauf mit Käse

(2 Personen)

250 g Quark
½ Tasse Milch
2 Eier, getrennt
2 EL Grieß mit
1 Msp Backpulver
vermischt
½ TL Kräutersalz
1 Msp Rosenpaprika
50 g geriebener
Emmentaler
Zum Belegen:
2 EL geriebener Emmentaler
30 g Butterflöckchen

Quark mit der Milch verrühren, Eigelb sowie Grieß mit Backpulver hinzufügen und die Masse mit Kräutersalz und Paprika abschmecken. Den Käse unterrühren und die steifen Eischnee unterheben. Die Masse in eine gefettete Auflaufform mit Deckel füllen, mit Käse bestreuen, mit Butterflöckchen belegen und geschlossen in den Mikrowellenherd stellen. 5 Minuten bei *100* und 10 Minuten bei *50* garen. Die Schüssel aus dem Mikrowellenherd nehmen und 10 Minuten ruhen lassen.
Mit Tomatensauce oder Tomatensalat servieren.

Gesamtgarzeit: 15 Minuten

Pikanter Kartoffelauflauf

500 g in der Schale gekochte Kartoffeln (siehe Seite 185) oder 500 g Kartoffelscheiben aus dem Tiefkühlgerät
250 g Erbsen- und Karottengemüse aus der Dose oder tiefgekühltes, aufgetautes Gemüse
4 Stück in Scheiben geschnittene Wiener Würstchen
⅛ l Milch, mit
2 Eiern verquirlt und mit Salz und Pfeffer abgeschmeckt
25 g Butterflöckchen

Eine Auflaufform (etwa 18 cm Durchmesser) mit Butter ausfetten. Ein Drittel der Kartoffelscheiben auf den Boden der Schüssel anordnen. Darüber die Hälfte des Gemüses und der Würstchenscheiben geben, mit dem zweiten Drittel der Kartoffeln bedecken, darauf wieder den Rest des Gemüses und der Würstchenscheiben und mit den restlichen Kartoffelscheiben bedecken. Über das Ganze die gewürzte Eiermilch gießen. Mit Butterflöckchen belegen und in den Mikrowellenherd stellen. Die ersten 5 Minuten bei *100*, weitere 10–12 Minuten bei *50* zugedeckt garen. 5–10 Minuten ruhen lassen.
Zu diesem Auflauf einen beliebigen grünen Salat reichen.

Auftauzeit gefrorener Kartoffelscheiben: 7 Minuten bei *25*
Gesamtgarzeit: 20–22 Minuten

Heringsauflauf mit Krabben

4 grüne Heringe
1 EL Zitronensaft
20 g Butter
100 g Krabben
¼ l Béchamelsauce (siehe Seite 64)
1 EL gehackte Petersilie
80 g geriebener Käse

Heringe ausnehmen, von der Rückengräte befreien, säubern und mit Zitronensaft beträufeln. In einer Auflaufform die Butter im Mikrowellenherd ½ Minute bei *30* schmelzen lassen. Die Heringe darauflegen, mit den Krabben bedecken und die Béchamelsauce darüber verteilen. Mit Petersilie und Käse bestreuen. Zugedeckt in den Mikrowellenherd stellen und etwa 10 Minuten bei *100* garen.
Dazu Petersilienkartoffeln und grünen Salat reichen.

Gesamtgarzeit: etwa 10½ Minuten

Makkaroniauflauf mit Tomaten

250 g gekochte Makkaroni
500 g geschälte, in Scheiben geschnittene Tomaten (frisch oder aus der Dose)
Salz, Pfeffer
Oregano
3 EL gehackte Petersilie
80 g geriebener Käse
3 Eier mit ⅛ l Milch und 2 EL saurer Sahne verquirlt
40 g Butterflöckchen

Eine Auflaufform mit Deckel ausfetten. Makkaroni abtropfen lassen und in etwa 4 cm lange Stücke schneiden. Schichtweise Makkaroni und Tomatenscheiben – auf letztere Salz, Pfeffer, Oregano, Petersilie und Käse streuen – einfüllen. Mit Makkaroni schließen. Die Eiermilch darübergießen und mit Butterflöckchen belegen. Den Auflauf zugedeckt 18–26 Minuten bei *100* im Mikrowellenherd garen. Aus dem Herd nehmen und 10 Minuten zugedeckt stehen lassen.

Gesamtgarzeit: 18–26 Minuten

Reisauflauf mit verschiedenen Füllungen

250 g gekochter Reis
3 Eier
⅛ l Milch
30 g Butterflöckchen
Füllungen:
1. 250–350 g feingewiegte Schinken- oder Bratenreste, mit Béchamelsauce vermischt
2. 250–350 g feingeschabte, gedünstete Leber
3. 250–400 g gedünstete Pilze
4. 1 feingewiegte, gedünstete Kalbsmilch
5. 250 g fertiges Erbsengemüse
6. 500 g fertiges Tomatengemüse

Eine Auflaufform leicht mit Butter ausstreichen und die Hälfte des gekochten Reises einfüllen. Die gewünschte Fülle darauflegen und mit der anderen Hälfte Reis abdecken. Die mit der Milch verquirlten Eier darübergießen, den Reis mit Butterflöckchen belegen und zugedeckt im Mikrowellenherd erst 5–8 Minuten bei *100*, dann 3–6 Minuten bei *50* garen.
Dazu einen beliebigen grünen Salat oder Gurkensalat reichen.

Gesamtgarzeit: 8–14 Minuten

Mexikanischer Reisauflauf
(3 Personen)

250 g Rinderhackfleisch
1 große gehackte Zwiebel
150 g in feine Streifen geschnittene grüne Paprikaschote
Salz, Pfeffer
1 Prise Cayennepfeffer
100 g gedünsteter Reis
1 kleine Dose geschälte Tomaten

In eine Auflaufform ohne Fett das Hackfleisch, die Zwiebel und die Paprikaschote geben und alles gut vermischen. Zu-

gedeckt im Mikrowellenherd etwa 4 Minuten bei *100* dünsten. Das Gericht aus dem Herd nehmen, würzen, den Reis darüber verteilen und die gehackten oder im Mixer pürierten Tomaten mit dem Tomatensaft darübergießen. Zugedeckt im Mikrowellenherd erst 5 Minuten bei *100,* dann weitere 5 Minuten bei *75* garen.
Dazu grünen Salat reichen.

Gesamtgarzeit: etwa 14 Minuten

Reisauflauf mit Champignons

250 g gedünsteter Reis (roh 125 g)
300 g Tiefkühlerbsen
200 g Champignons (frisch oder aus der Dose)
2 EL gehackte Petersilie
etwas Salz
3 Eier mit ⅛ l Sahne verquirlt
40 g Butterflöckchen

Eine Auflaufform mit Deckel ausfetten und die gefrorenen Erbsen zugedeckt darin im Mikrowellenherd etwa 8 Minuten bei *50* auftauen lassen. Champignons kleinschneiden, unter die Erbsen mischen und zugedeckt etwa 3–5 Minuten bei *100* garen. Aus dem Herd nehmen, die Petersilie untermischen und abschmecken. Den Reis über dem Gemüse verteilen, mit Sahnemilch übergießen, mit Butterflöckchen belegen und zugedeckt im Mikrowellenherd etwa 3–7 Minuten bei *100* fertig garen.

Gesamtgarzeit: 14–20 Minuten

Quarkauflauf mit Aprikosen

400 g Quark
50 g Butter
80 g Zucker
3 Eier
Saft und abgeriebene Schale einer ungespritzten Zitrone
60 g Grieß mit 1 Msp Backpulver vermischt
1 EL Stärkemehl
knapp ⅛ l Milch oder Sahne
200 g frische oder 100 g getrocknete Aprikosen
1–2 EL geröstete, gehackte Mandeln

Butter, Zucker und Eier schaumig rühren. Nach und nach Saft und Schale der Zitrone, den mit Backpulver vermischten Grieß, Stärkemehl und zum Schluß die Flüssigkeit einrühren. Eine Auflaufform leicht mit Butter ausstreichen. Frische Aprikosen waschen, entkernen und im Mixer pürieren oder getrocknete Aprikosen über Nacht einweichen und dann ebenfalls pürieren. Das Fruchtmus auf dem Boden der Auflaufform verteilen, darüber die Quarkmasse geben, glattstreichen und zugedeckt erst 5–9 Minuten bei *100*, dann etwa 10–15 Minuten bei *50* im Mikrowellenherd garen. Danach herausnehmen, mit gerösteten Mandeln bestreuen und noch 5 Minuten zugedeckt stehen lassen.

Gesamtgarzeit: 15–24 Minuten

Auberginen-Paprikaauflauf

1 große gehackte Zwiebel
1 große, fleischige Paprikaschote
1 große Aubergine
3 EL Öl
1 zerdrückte Knoblauchzehe
1/8–1/4 l Tomatensaft aus der Dose
Salz, Pfeffer
etwas Thymian, Rosmarin und Basilikum
50 g geriebener Emmentaler Käse
Butterflöckchen

Bräunungsgeschirr 5 Minuten bei *100* vorheizen. Paprikaschote entkernen, waschen und in Würfel schneiden. Das Öl mit der gehackten Zwiebel in das heiße Bräunungsgeschirr geben und offen 1 Minute in der gespeicherten Hitze dünsten, dann Paprikawürfel zugeben und zugedeckt 3–6 Minuten bei *100* dünsten. Inzwischen die Aubergine schälen und ebenfalls in Würfel schneiden. Über den Paprikawürfeln verteilen, mit Salz, Pfeffer und den Kräutern bestreuen, mit Tomatensaft übergießen und zugedeckt etwa 5–8 Minuten bei *100* garen. Die Speise umrühren, mit geriebenem Käse bestreuen, mit Butterflöckchen belegen und nochmals etwa 2–4 Minuten bei *60* in den Mikrowellenherd stellen, bis der Käse geschmolzen ist.
Dazu grünen Salat reichen.

Gesamtgarzeit: 10–18 Minuten

Apfelauflauf

400 g Äpfel
1 EL Rosinen
50 g Butter
70 g Zucker
3 Eier getrennt
100 g Mehl, vermischt mit
1 Msp Backpulver
⅛ l Milch
abgeriebene Schale
½ Zitrone

Eine Auflaufform gut buttern und mit Semmelbröseln ausstreuen. Die Äpfel schälen, in Achtel schneiden, auf dem Boden der Auflaufform anordnen und die Rosinen darüberstreuen. Zum Überguß Butter, Zucker und Eigelb schaumig rühren, abwechselnd das mit Backpulver vermischte Mehl und die Milch einrühren, mit der abgeriebenen Zitronenschale würzen. Zum Schluß den steifen Eischnee unterheben. Die Masse über den Äpfeln verteilen, in den Mikrowellenherd stellen und bei *100* 5–8 Minuten, dann weiter etwa 7–12 Minuten bei *50* garen.

Gesamtgarzeit: 15–20 Minuten

Scheiterhaufen

5 altbackene Semmeln
½ l Milch
2 Eier
abgeriebene Schale ½
ungespritzten Zitrone
50 g Zucker
2 große, geschälte und
geschnitzelte Äpfel
40 g gehackte Haselnüsse
40 g Rosinen
30 g Butterflöckchen
1 EL Zimtzucker

Die Semmeln in dünne Scheiben schneiden. Milch, Eier, Zitronenschale und Zucker gut verquirlen und etwas mehr als die Hälfte davon über die Semmelscheiben gießen. Eine

Auflaufform mit Butter ausfetten. Schichtweise Semmelscheiben abdecken, die restliche Eiermilch darübergießen, mit Butterflöckchen belegen und zugedeckt 9–12 Minuten bei *100*, dann 8–12 Minuten bei *60* im Mikrowellenherd garen. Danach herausnehmen, mit Zimtzucker bestreuen und noch 5 Minuten zugedeckt stehen lassen.

Gesamtgarzeit: 20–25 Minuten

Obstauflauf

40 g Butter oder Margarine
50 g Zucker
3 Eier, getrennt
abgeriebene Schale
½ Zitrone
$\frac{1}{10}$ l Milch
150 g Mehl, mit
1 Msp Backpulver
vermischt

Zum Füllen:
250 g in Scheiben
geschnittenes – eventuell
geschältes – Obst wie:
Aprikosen, Pfirsiche,
Kirschen und Äpfel

Butter und Zucker schaumig rühren, Eigelb und die übrigen Zutaten beigeben, zum Schluß die steifen Eischnee unterheben. Die Hälfte der Masse in eine gefettete, breite Auflaufform füllen, das vorbereitete Obst darübergeben und mit dem restlichen Teig abdecken. Zugedeckt in den Mikrowellenherd stellen. Erst etwa 3 Minuten bei *50*, dann 2 Minuten bei *100* und anschließend 5–6 Minuten bei *75* garen. Aus dem Herd nehmen und 5 Minuten zugedeckt ruhen lassen.
Dazu einen Fruchtsaft reichen.

Gesamtgarzeit: 10–12 Minuten

Schokoladen-Nußpudding

50 g Butter
50 g Zucker
3 Eier getrennt
80 g feingeriebene Nüsse
1 TL Zimt
1 Msp Nelkenpulver
50 g geriebene Schokolade
100 g geriebene Biskuit- oder Zwiebackbrösel
einige Löffel Milch oder Sahne

Eine Glasbackform fetten und gut mit Semmel- oder Biskuitbröseln ausstreuen. Butter, Zucker und Eigelb schaumig rühren. Nach und nach Nüsse, Gewürze, Schokolade, Biskuit oder Zwiebackbrösel einrühren, die Masse mit Milch oder Sahne – Menge nach Bedarf geschmeidig machen. Zum Schluß den steifen Eischnee unterheben und die Masse in die vorbereitete Form füllen. Den Pudding im Mikrowellenherd etwa 6–9 Minuten garen, dann herausnehmen, 5–10 Minuten stehen lassen und danach stürzen. Mit Puderzucker bestreuen und eine Vanillesauce dazu reichen.

Gesamtgarzeit: 6–9 Minuten

Spinatpudding

450 g tiefgefrorener, aufgetauter Rahmspinat
1 altbackene, eingeweichte, ausgedrückte Semmel
2 Eier getrennt
1 gut gefettete, mit Semmelbröseln ausgestreute Puddingform
1 Rezept Tomatensauce (s. S. 64)

Den aufgetauten Rahmspinat mit der ausgedrückten Semmel und den Eigelb gut vermischen und die steifen Eischnee unterheben. Die Masse in die vorbereitete Puddingform füllen. Im Mikrowellenherd bei *100* etwa 6–8 Minuten, dann etwa 7–10 Minuten bei *50* garen. Danach aus dem Herd nehmen, 3 Minuten stehen lassen, auf eine Platte stürzen, die Tomatensauce darübergießen und heiß servieren.

Gesamtgarzeit: 13–16 Minuten

Kartoffelpudding

500 g tags zuvor gekochte Kartoffeln
60 g Butter oder Margarine
2 Eier getrennt
etwas Salz, Pfeffer und Muskat

Kartoffeln schälen und fein reiben. Butter oder Margarine schaumig rühren, nach und nach die Eigelb und die geriebenen Kartofeln beigeben, alles gut vermischen, mit Salz, Pfeffer und Muskat abschmecken. Zum Schluß die steifen Eischnee unterheben. Die Masse in eine mit Butter ausgestrichene und mit wenig Bröseln ausgestreute Puddingform füllen und in den Mikrowellenherd stellen. 6–7 Minuten bei *100* und etwa 6 Minuten bei *75* garen. Aus dem Mikrowellenherd nehmen und den Pudding noch 5 Minuten ruhen lassen. Dann auf eine vorgewärmte Platte stürzen und mit einer beliebigen Sauce oder Salaten zu Tisch geben.

Gesamtgarzeit: 12–13 Minuten

Leberpudding

400 g Kalbs-, Schweine- oder Rinderleber
50 g geräucherter Speck
3 altbackene, in Milch eingeweichte, ausgedrückte Semmeln
½ Zwiebel
3 Eier getrennt
etwas Salz
1 Msp Paprika
3 EL geriebener Parmesankäse

Eine Glasbackform fetten und gut mit Semmelbröseln ausstreuen. Leber, Speck, ausgedrückte Semmeln und Zwiebel durch die Fleischmaschine drehen. Eigelb unter die Lebermasse rühren, mit Salz, Paprika und 2 EL Parmesankäse abschmecken, zum Schluß den steifen Eischnee unterheben. Die Masse in die vorbereitete Form füllen, glattstreichen und im Mikrowellenherd 10–15 Minuten bei *100* garen. Die Form aus dem Herd nehmen, 5–10 Minuten stehen lassen, dann stürzen. Mit 1 EL Parmesankäse bestreuen und warm oder kalt zu Tisch geben.

Gesamtgarzeit: 10–15 Minuten

Fischpudding

400–500 g gekochter Fisch – auch Fischreste –
50 g Butter
3 Eier getrennt
⅛ l saure Sahne
100–150 g Semmelbrösel
je 1 EL feingehackte Petersilie und Zwiebel
Salz
etwas Pfeffer aus der Mühle

Eine Glasbackform fetten und gut mit Semmelbröseln ausstreuen. Das Fischfleisch fein wiegen. Butter und Eigelb schaumig rühren, das Fischfleisch zugeben, die saure Sahne und so viel Semmelbrösel unterrühren, daß die Masse nicht zu fest ist. Mit Petersilie, Zwiebel, Salz und Pfeffer abschmekken, den steifen Eischnee unterheben und die Masse in die vorbereitete Form füllen. Im Mikrowellenherd 10–15 Minuten bei *100* garen. Die Form aus dem Herd nehmen, 5–10 Minuten stehen lassen, dann stürzen und zu Tisch geben. Dazu eine Dillsauce reichen.

Gesamtgarzeit: 10–15 Minuten

Fleischpudding

(Sehr gute Resteverwertung)

400–500 g gekochtes Rindfleisch
3 altbackene, eingeweichte, ausgedrückte Semmeln
½ mittelgroße Zwiebel
3 Eier getrennt
Salz, Pfeffer
1 Prise Muskat
2 Msp Oregano
1 TL Bratensauce aus der Tube
einige Tropfen Knoblauch (flüssiges Gewürz) oder durch die Presse gedrückte Knoblauchzehe
1 EL feingehackte Petersilie

Eine Glasbackform fetten und gut mit Semmelbröseln ausstreuen. Fleisch, ausgedrückte Semmeln und Zwiebel durch die Fleischmaschine drehen. Mit den Eigelb gut verrühren. Sollte die Masse zu fest sein, etwas Brühe oder Wasser zugeben. Dann mit allen angegebenen Gewürzen abschmecken. Zum Schluß die Petersilie und die steifen Eischnee unterheben. Die Masse in die vorbereitete Form füllen, glattstreichen und etwa 10–15 Minuten im Mikrowellenherd garen. Die Form aus dem Herd nehmen, 5–10 Minuten stehen lassen, dann stürzen. Mit einer heißen Tomatensauce übergießen und gleich servieren. Dazu grünen Salat reichen.

Gesamtgarzeit: 10–15 Minuten

Blumenkohlpudding

500 g gekochte Blumenkohlröschen – weitere Zutaten, Zubereitung und Garzeit wie Spargelpudding (s. unten)

Gemüsepudding

400 g verschiedene, gedünstete Gemüse, wie Möhren, Erbsen, Bohnen, Spargel, Schwarzwurzeln oder Sellerie – weitere Zutaten, Zubereitung und Garzeit wie Spargelpudding (s. unten)

Spargelpudding

400 g Spargel (frisch gekocht oder aus der Dose, jeweils gut abgetropft)
⅛ l Milch
60 g Mehl
50 g Butter oder Margarine
3 Eier getrennt
Salz
etwas Muskat
abgeriebene Schale ½ Zitrone
1 gut gefettete Puddingform
50 g sehr fein gewiegter, gekochter oder roher Schinken oder geriebener Käse

Den Spargel in 2 cm lange Stücke schneiden. In einem höheren Gefäß die Milch mit dem Mehl verrühren, Butter oder Margarine dazugeben und im Mikrowellenherd bei *100* etwa ¾–1½ Minuten erhitzen, herausnehmen und mit einem Schneebesen gut durchschlagen, wieder in den Herd geben und nochmals etwa ¾–1½ Minuten bei *100* erhitzen. Dann nach und nach die Eigelb einschlagen, mit Salz, Muskat und abgeriebener Zitronenschale abschmecken, die Spargelstücke zugeben und zum Schluß den steifen Eischnee unterheben. In die vorbereitete Puddingform füllen und im Mikrowellenherd bei *100* etwa 6–8 Minuten, dann etwa 10 Minuten bei *50* fertig garen. Herausnehmen, einige Minuten stehen lassen, auf eine Platte stürzen und mit feingewiegtem Schinken oder geriebenem Käse bestreuen. Heiß zu Tisch geben und grünen Salat dazu reichen.

Gesamtgarzeit: etwa 20 Minuten

Variation:
Diesen Pudding kann man auch mit einer Kräuter- oder Käsesauce servieren.

Desserts

Feine Nachspeisen runden ein Menü ab und sind schon eine kleine Sünde wert, auch wenn man auf die schlanke Linie achten soll!

Alle in den folgenden Rezepten angegebenen Zeitangaben hängen von der Ausgangstemperatur, der Beschaffenheit und der Menge der jeweiligen Speise ab. Sie können dadurch geringen Schwankungen unterliegen.

Grundregel bei Mengenveränderung:
Doppelte Menge - doppelte Zeit,
halbe Menge - halbe Zeit.

Geschirr:
Auflaufformen, Portionsschälchen und andere Gefäße aus Glas, Porzellan, Glaskeramik.

Einstellungstechnik je nach Gerät, Zeitenerklärung siehe Seite 16 ff., »Anweisungen und Regeln«.

Kaffeecreme

$\frac{3}{8}$ l Milch
70 g Zucker
1 Päckchen Vanillezucker
6 Blatt weiße, eingeweichte, ausgedrückte Gelatine
$\frac{1}{8}$ l Kaffee von 30 g gerösteten Kaffeebohnen
3 Eier getrennt
$\frac{1}{8}$ l Sahne

Milch, Zucker und Vanillezucker in einem hohen Glasgefäß offen 5–8 Minuten bei *100* im Mikrowellenherd bis kurz vor den Kochpunkt erhitzen. Aus dem Herd nehmen und sofort die ausgedrückte Gelatine darin auflösen. Die Eigelb mit dem Kaffee verrühren und nach und nach die Gelatinemilch einrühren. Die Speise erkalten lassen. Wenn sie zu gelieren beginnt, die steifgeschlagene Sahne leicht unterheben. In eine Glasschale füllen und mit Sahne garnieren.

Gesamtgarzeit: 5–8 Minuten

Gefüllter Apfel mit Zimtsauce

(2 Portionen)

2 mittelgroße Äpfel, am besten Jonathan, Morgenduft oder Boskop
10 g Butter
Zur Fülle:
2 TL gehackte Nüsse oder Mandeln
2 TL gewaschene Sultaninen, vermischt mit 1 EL Honig und gewürzt mit je 1 Prise Zimt und Nelkenpulver
Zum Dazureichen:
Zimtsauce (s. S. 69)

Die Äpfel waschen, abtrocknen und mit einem Apfelausstecher das Kerngehäuse entfernen. Jeden Apfel in ein Portionsschälchen setzen. Die Fülle hineingeben, jeden Apfel mit einem Stückchen Butter krönen und etwa 2–4 Minuten bei *100* im Mikrowellenherd garen. Mit Zimtsauce übergießen und heiß servieren.

Gesamtgarzeit: 2–4 Minuten

Anmerkung:
Äpfel mit harter Schale sternförmig leicht einschneiden; aber Vorsicht, sie verkochen dann leichter!

Russische Creme

80 g Puderzucker
2 Eier getrennt
¼ l steif geschlagene Sahne
1 EL Arrak
2 Blatt weiße Gelatine, eingeweicht und in 3 EL heißem Wasser aufgelöst

In einem kleinen, breiten Glas das Wasser etwa 20–30 Sekunden bei *100* im Mikrowellenherd erhitzen. Darin die eingeweichte ausgedrückte Gelatine auflösen. So lange rühren, bis sie glatt ist. Zucker und Eigelb schaumig schlagen. Die aufgelöste Gelatine nebst dem steifen Eischnee, dem Schlagrahm und dem Arrak in die Schaummasse rühren. In kaltes Wasser stellen und wenn sie anfängt, steif zu werden, in den vorbereiteten Punschring füllen.

Gesamtgarzeit: 20–30 Sekunden

Anmerkung:
Russische Creme kann auch zum Füllen von Torten, Waffeltüten und dgl. verwendet werden.

Nougatcreme

100 g Schokolade
80 g Butter
125 g gemahlene Haselnüsse
1 EL Puderzucker
¼ l Schlagsahne
4 Nougatwaffeln
4 geröstete Haselnüsse

Schokolade bröckeln und in einer Glasschale mit der Butter 2½–4 Minuten bei *50* im Mikrowellenherd schmelzen. Herausnehmen, Haselnüsse und Zucker unterrühren, die Masse abkühlen lassen. Danach nochmals gut durchrühren und die geschlagene Sahne — 4 TL zurückbehalten — leicht unterziehen. Die Creme in Portionsschälchen oder Gläser füllen, mit einem Tuff Schlagsahne verzieren, mit einer Haselnuß krönen und an den Rand eine Nougatwaffel stecken.

Gesamtgarzeit: 2½–4 Minuten

Weinbirnen, heiß oder kalt

4 kleine oder 2 große, saftige, reife Birnen
½ Gläschen Wein
1 EL Zitronensaft
1 Päckchen Vanillezucker
100 g Schokolade
1 TL Butter
2 EL geschlagene Sahne
geriebene Kokosnuß oder geröstete Mandelblättchen

Birnen dünn schälen, das Kerngehäuse entfernen und in eine Glasschale legen. Mit einem Gemisch aus Weißwein, Zitronensaft und Vanillezucker beträufeln und zugedeckt 2–5 Minuten im Mikrowellenherd garen. Aus dem Saft nehmen und in vier Portionsschälchen verteilen. Schokolade zerbröckeln und mit der Butter unter den Birnensaft rühren; etwa 1–2 Minuten bei *50* im Mikrowellenherd erhitzen, bis die Schokolade geschmolzen ist, dann die geschlagene Sahne unterziehen. Die Masse über die Birnen verteilen und, beliebig mit geriebener Kokosnuß oder Mandelblättchen bestreut, heiß oder kalt servieren.

Gesamtgarzeit: 5–6 Minuten

Birnen Toninka

2 große saftige Birnen
4 TL Sauerkirschkonfitüre
1 EL Kirschwasser
⅛ l leicht gesüßte Schlagsahne
4 kandierte Kirschen

Birnen waschen, schälen, halbieren und das Kerngehäuse entfernen. In die Höhlung jeder Birnenhälfte 1 TL Sauerkirschkonfitüre füllen und mit der Schnittfläche nach unten in Portionsschälchen legen. Mit Kirschwasser beträufeln und etwa 2–4½ Minuten im Mikrowellenherd garen. Aus dem Herd nehmen, mit einem großen Tupfer geschlagener Sahne und je 1 kandierten Kirsche verzieren und sofort servieren.

Gesamtgarzeit: etwa 2–4½ Minuten

Apfeldessert

4 gleich große Äpfel (etwa 500 g)
4 TL Konfitüre
4 TL geriebene Mandeln
einige gestiftelte Mandeln
¼ l Weißwein
1 Stückchen Zimtstange

Äpfel schälen, das Kerngehäuse ausstechen und in eine passende Auflaufform stellen. In jeden Apfel ½ TL Konfitüre füllen, dann die Mandeln und mit der restlichen Konfitüre abschließen. Mit einigen Mandelstiften bestecken. Den Wein angießen, die Zimtstange beifügen und die Äpfel bei geschlossenem Gefäß 5–6 Minuten (die Apfelsorte ist für die Zeit maßgebend) bei *100* garen. Aus dem Herd nehmen, Zimtstange entfernen und zugedeckt noch 5 Minuten ruhen lassen.
Dazu eine dickliche Vanillesauce reichen.

Gesamtgarzeit: 5–6 Minuten

Apfelschnee

500 g Äpfel
knapp $\frac{1}{10}$ l Wasser
Zucker und etwas Zimt nach Geschmack
2–3 Eiweiß

Äpfel waschen, Blüte und Stiel entfernen und in Stücke schneiden. Mit dem Wasser in einer Auflaufform im Mikrowellenherd etwa 6–8 Minuten bei *100* und 5–7 Minuten bei *50* garen (die Zeitdauer richtet sich nach dem Härtegrad der Äpfel). Die Apfelstücke noch heiß durch ein Sieb streichen, mit Zucker und Zimt abschmecken und erkalten lassen. Danach die steifgeschlagenen Eischnee leicht unterheben und die Speise sofort servieren.

Gesamtgarzeit: etwa 15 Minuten

Fruchtsoufflée

200 g frisches Fruchtfleisch – püriert oder zerkleinert (Erdbeeren, Johannisbeeren, Apfelmus mit 2 EL gemahlenen Nüssen, Bananen, Aprikosen, Pfirsiche usw., oder auch 250 g eingeweichtes, püriertes Dörrobst)
4 Eiweiß
1 Prise Salz
etwa 4 EL Zucker
Zum Bestreuen:
30 g geriebene Nüsse

Eiweiß mit dem Salz sehr steif schlagen. Unter das Fruchtmus ziehen und mit Zucker abschmecken. Die Masse in eine nicht gefettete Auflaufform füllen, mit Nüssen bestreuen und in den Mikrowellenherd stellen. Etwa 8–10 Minuten bei *50* garen. Sofort servieren.

Gesamtgarzeit: 8–10 Minuten

Hexen-Apfelmus

500 g Äpfel
30 g Butter
1 EL Honig oder Zimtzucker nach Geschmack

Äpfel waschen und mit der Schale grob raffeln. Die Butter in einer Auflaufform im Mikrowellenherd 1–2 Minuten bei *50* schmelzen lassen. Die geraffelten Äpfel hineingeben, verrühren und zugedeckt 5–6 Minuten bei *100* garen. Aus dem Mikrowellenherd nehmen und nach Wunsch mit Honig oder Zimtzucker süßen.

Gesamtgarzeit: 7–8 Minuten

Anmerkung:
Das Hexen-Apfelmus kann man auch mit der abgeriebenen Schale ½ ungespritzten Zitrone würzen.

Schneeomelett

(1 Person)

2 Eier getrennt
1½ EL Zucker
1½ EL Mehl
20 g Butter

Zum Füllen:
etwas Marmelade
Zum Bestreuen:
Puderzucker mit Vanille

Eiweiß zu steifem Schnee schlagen. Eigelb mit Zucker schaumig rühren, dann das Mehl unterziehen. Die Masse über die Eiweiß geben und leicht unter den Eischnee ziehen. Bräunungsgeschirr 2 Minuten bei *100* vorheizen. Aus dem Mikrowellenherd nehmen und die Butter darin zerlaufen lassen. Schnell die Schaummasse darin verteilen, zugedeckt in den Mikrowellenherd stellen und 2 Minuten bei *50* garen. Aus dem Herd nehmen, schnell mit Marmelade bestreichen, zusammenklappen und mit Vanillezucker bestreuen.

Gesamtgarzeit: etwa 2 Minuten

Birnen- und Apfelspeise mit Ingwerguß

2 schöne reife Äpfel und
1 große saftige Birne
etwas Weißwein
2–3 TL Puderzucker
50 g gehackte Mandeln
Ingwersauce

Obst waschen, schälen, Kerngehäuse entfernen und in Achtel teilen. Eine Jenaer-Glasform mit Butter ausstreichen, die Birnenstücke in der Mitte, die Apfelstücke ringsum anordnen. Mit gehackten Mandeln bestreuen, mit der Sauce bedecken und etwa 3–5 Minuten bei *100* im Mikrowellenherd garen.

Gesamtgarzeit: 3–5 Minuten

Torteletts mit flambierten Äpfeln und Mandelcreme

4 Mürbteigtorteletts (Fertigprodukt)
30 g Butter
80 g Zucker
250 g geschälte, in Achtel geschnittene Äpfel
1 EL Rum (80 %)
Zur Mandelcreme:
1 Ei mit 60 g Puderzucker schaumig rühren
80 g mit der Schale geriebene Mandeln einrühren und 1 Tasse geschlagene Sahne unterheben
Zum Bestreuen:
Puderzucker

Eine kleine Auflaufform mit der angegebenen Buttermenge ausstreichen und den Zucker darüberstreuen. Die vorbereiteten Apfelspalten darüber verteilen. Etwa 5–8 Minuten in den Mikrowellenherd stellen, bis die Äpfel anfangen zu karamelisieren. Während dieser Zeit die Früchte öfters wenden, dann herausnehmen, mit Rum flambieren und abkühlen lassen. Danach die Äpfel auf den Torteletts verteilen. Die inzwischen zubereitete Mandelcreme – siehe Mengenangaben – über die Torteletts geben und nochmals 2–3 Minuten in den Mikrowellenherd stellen.

Gesamtgarzeit: 8–10 Minuten

Aprikosen mit Schaummütze

8 schöne reife Aprikosen
2 Eiweiß
2 EL Puderzucker
2 EL geschälte, gemahlene Mandeln
2 EL leicht geröstete Mandelblättchen

Aprikosen waschen, entkernen und vierteln. In eine leicht gebutterte Auflaufform oder Portionsschälchen ordnen. Eiweiß sehr steif schlagen, unter weiterem Schlagen den Zucker zugeben und zuletzt die Mandeln leicht unterziehen. Die Schaummasse über die Aprikosen verteilen und 2–5 Minuten bei *100* in den Mikrowellenherd stellen. Herausnehmen und mit den gerösteten Mandelblättchen bestreuen.

Gesamtgarzeit: 2–5 Minuten

Bananen, heiß oder eiskalt

4 reife Bananen
Saft einer und abgeriebene Schale ½ Zitrone
2 Päckchen Vanillezucker
2 Gläschen Orangenlikör
⅛–¼ l leicht gesüßte Schlagsahne

Bananen schälen und in eine Schüssel legen. Mit einer Gabel mehrmals einstechen. Zitronensaft und -schale darüber verteilen und die Früchte öfters umdrehen, damit der Zitronensaft gut einziehen kann. Dann die Bananen aus der Zitronenmarinade nehmen und in eine leicht gebutterte, mit einem Päckchen Vanillezucker ausgestreute Auflauf- oder Glasform legen, mit dem zweiten Päckchen Vanillezucker bestreuen und zugedeckt etwa 3–6 Minuten bei *75* im Mikrowellenherd garen. Während der Garzeit die Bananen wenden. Die fertigen Früchte mit Orangenlikör beträufeln und entweder heiß oder eisgekühlt zu Tisch geben. In beiden Fällen vor dem Auftragen mit steifer Schlagsahne garnieren.

Gesamtgarzeit: 3–6 Minuten

Orangen- oder Mandarinengelee

4 schöne Orangen oder
6–8 Mandarinen
Zucker nach Bedarf
4 Blatt weiße, eingeweichte, ausgedrückte Gelatine
1/4 l Weißwein
1/8 l Orangen- oder Mandarinensaft
1/8 l geschlagene Sahne
Orangen- oder Mandarinenspalten

Orangen oder Mandarinen schälen, Kerne entfernen und die Spalten in mundgerechte Stücke schneiden. In Portionsschälchen verteilen. Den Wein in einem hohen Glas etwa 1 3/4–3 Minuten bei *100* im Mikrowellenherd erhitzen, herausnehmen und die eingeweichte, ausgedrückte Gelatine darin auflösen. Mit dem Obstsaft mischen und gut durchschlagen. Dann über die Früchte verteilen, zum Erstarren in den Kühlschrank stellen. Vor dem Servieren mit geschlagener Sahne und Orangen- oder Mandarinenspalten verzieren.

Gesamtgarzeit: 1 3/4–3 Minuten

Pfirsiche auf Weingelee

¼ l Weißwein
1 Likörgläschen Maraschino
150 g Puderzucker
Saft und abgeriebene
Schale 1 Zitrone
6 Blatt weiße, eingeweichte
und ausgedrückte Gelatine
4 ausgereifte Pfirsiche
⅛ l Schlagsahne
4 Cocktailkirschen

Wein, Maraschino, Zucker, Saft und abgeriebene Schale der Zitrone in eine höhere Glasform füllen, gut verrühren, in den Mikrowellenherd stellen und etwa 2–5 Minuten bei *100* bis zum Kochpunkt erhitzen. Aus dem Herd nehmen, die ausgedrückte Gelatine darin auflösen und gut verrühren. Ausgekühlt im Kühlschrank gelieren lassen. Das erstarrte Gelee in grobe Stücke teilen. Vier Kelchgläser fast bis zum Rand damit füllen. Darauf die geschälten, in Stücke geschnittenen Pfirsiche verteilen, mit Schlagsahne verzieren und mit einer Cocktailkirsche krönen. Kalt servieren.

Gesamtgarzeit: 2–5 Minuten

Bananen mit Erdbeersauce

4 kleine feste Bananen
20 g Butter

Zur Sauce:
200 g Erdbeeren
5 EL Wasser
100 g Puderzucker
2 EL Orangensaft

Zuerst die Sauce bereiten. Dafür die gewaschenen, entstielten Erdbeeren mit einer Gabel zerdrücken. Wasser und Puderzucker in einer großen Tasse im Mikrowellenherd erst ½–1 Minute bei *60* schmelzen, dann die Erdbeeren beigeben und 2½–3½ Minuten bei *100* bis zum Kochpunkt erhitzen. Kalt stellen.

Bräunungsgeschirr 4 Minuten bei *100* vorheizen. Bananen schälen und mit der Butter in das heiße Bräunungsgeschirr legen. Ohne weitere Einstellung von allen Seiten, unter Wenden, anbraten lassen. Auf Portionstellern anrichten und heiß servieren. Unter die inzwischen erkaltete Sauce den Orangensaft rühren und dazu reichen.

Gesamtgarzeit: 5–10 Minuten

Pflaumen in Vanillecreme

1 Dose Pflaumen
½ l Milch
1 Päckchen
Vanillepuddingpulver
50 g Zucker
2 Eier getrennt

Pflaumen abtropfen lassen, wenn nötig entkernen und in eine passende Schüssel legen oder in Portionsschälchen verteilen. 8 schöne Pflaumenhälften zum Garnieren zurückbehalten. Milch, Puddingpulver und Zucker in einem hohen Gefäß verrühren und in den Mikrowellenherd stellen. Etwa 5–8 Minuten bei *100* bis zum Kochen erhitzen. Während dieser Zeit die Masse öfters durchschlagen. Aus dem Herd nehmen, in die noch ganz heiße Creme erst die Eigelb einschlagen, dann den steifen Eischnee unterheben. Über die Pflaumen verteilen, die Speise mit den zurückgelegten Pflaumen garnieren und gut gekühlt servieren.

Gesamtgarzeit: 5–8 Minuten

Anmerkung:
Anstelle der Eier kann man unter den abgekühlten Pudding steifgeschlagene Sahne geben.

Variation:
Für diese Speise eignet sich auch jede andere Obstart.

Bananen mit Vanillecreme

2 Bananen
etwas Zitronensaft
Zur Creme:
¼ l Milch
½ Päckchen Vanillezucker
1 EL Zucker
2 TL Stärkemehl
1 Ei getrennt
4 kandierte Kirschen

Bananen schälen, in etwa 2 cm dicke Scheiben schneiden. Bananenscheiben von beiden Seiten mit Zitronensaft leicht beträufeln und in 4 Portionsschälchen verteilen.
Für die Creme die Milch mit Vanillezucker, Zucker und Stärkemehl in einem höheren Gefäß gut verrühren und offen bei *100* in etwa 2½–3½ Minuten im Mikrowellenherd zum Kochen bringen. Während dieser Zeit zweimal gut durchrühren. Die kochende Creme aus dem Herd nehmen, das Eigelb unterrühren, den steifen Eischnee unterheben und die Creme über die Bananenscheiben verteilen. Je mit einer kandierten Kirsche garnieren.

Gesamtgarzeit: 2½–3½ Minuten

Variation:
Anstelle der Bananen kann jede andere Obstart roh oder gedünstet verwendet werden.

Honig-Bananen

4 nicht zu große Bananen
Saft ½ Zitrone
4 EL Honig
50 g geriebene Walnüsse

Eine passende Auflaufform mit Butter ausstreichen. Bananen schälen, der Länge nach halbieren und nebeneinander in die Auflaufform ordnen. Mit Zitronensaft beträufeln und den

Honig darüberlaufen lassen. In den Mikrowellenherd stellen und bei *100* in etwa 1½–3 Minuten garen. Die fertigen Bananen mit Walnüssen bestreuen und heiß zu Tisch geben.

Gesamtgarzeit: 1½–3 Minuten

Kirschknödel

(12 Stück)

150 g Mehl
25 g Butter oder Margarine
etwas Salz
⅛ *l kochende Milch*
Zum Kochen:
½ *l leicht gesalzenes Wasser*

Zum Füllen:
500 g Kirschen
Zum Bestreuen:
2 EL in reichlich Butter
geröstete Semmelbrösel
Zucker und Zimt

Die Milch im Mikrowellenherd in etwa 2½ Minuten zum Kochen bringen. In eine Schüssel das Mehl, die Butter oder Margarine mit Salz geben, mit der kochenden Milch übergießen und zu einem glatten Teig verarbeiten. Auskühlen lassen. Dann den Teig auf dem Brett zu einer Rolle formen – wenn nötig, noch etwas Mehl beigeben – und in 12 Stücke teilen. Die Kirschen entstielen, waschen, trockentupfen und je 2 Kirschen in ein Teigstück einrollen. Das Salzwasser im Mikrowellenherd etwa 6–8 Minuten bei geschlossenem Geschirr bei *100* zum Kochen bringen und die Knödel einlegen. Geschlossen etwa 2 Minuten bei *100* garen, dann die Knödel wenden, wieder 2 Minuten bei *100* und anschließend 1 Minute bei *50* garen. Aus dem Herd nehmen und noch 5 Minuten zugedeckt nachziehen lassen. Mit einem Sieblöffel herausnehmen, gut abtropfen lassen und mit Semmelbröseln und Zimtzucker bestreut zu Tisch geben.

Gesamtgarzeit: 6–7 Minuten

Punschring (Savarin)

250 g Mehl
20 g Hefe
4 EL Milch
50 g Zucker
80 g weiche Butter
1 Eigelb
2 ganze Eier
1 Prise Salz
abgeriebene Schale ¼ Zitrone

Zum Punsch:
¼ l Wein
1 Gläschen Rum, Arrak oder Kirschwasser
Saft 1 Orange und ½ Zitrone
etwa 50 g Puderzucker
Zum Bestreichen:
2 EL Aprikosenmarmelade
Zum Glasieren:
80 g Puderzucker mit 1 knappen EL heißem Wasser verrührt

Das Mehl in eine Schüssel sieben, in die Mitte eine Grube drücken. Dahinein die Hefe bröckeln, erwärmte Milch und 1 Msp Zucker beigeben und zu einem kleinen Vorteig rühren. Zugedeckt etwa ¼ Stunde stehen lassen. Inzwischen die Butter mit Eigelb, Eiern, restlichem Zucker, Salz und Zitronenschale schaumig rühren, zu dem gegangenen Vorteig geben und den Teig schlagen, bis er Blasen wirft und sich von der Schüssel löst. Zugedeckt 30 Minuten langsam gehen lassen.
Eine Auflaufform – wenn keine passende Ringform vorhanden ist – mit Butter ausfetten, in die Mitte ein Glas stellen und dieses außen einfetten. Den Teig gleichmäßig verteilt einfüllen. Noch einige Minuten in der Form gehen lassen und in den Mikrowellenherd stellen. 4 Minuten bei *25* und 4 Minuten bei *50* offen backen. Aus dem Mikrowellenherd nehmen und zugedeckt 10 Minuten ruhen lassen. Danach den Punschring aus der Form nehmen, mit einem Zahnstocher etwas einstechen und mit Punsch – dafür alle oben angegebenen Zutaten gut vermischen – übergießen. Mit Aprikosenmarmelade bestreichen und glasieren.

Gesamtgarzeit: 8 Minuten

Anmerkung:
Man kann den Savarin auch mit einem anderen Alkohol tränken oder quer durchteilen und mit einer russischen Creme (s. S. 219) füllen.

Quarkspeise mit Grieß

½ l Milch
3 EL Zucker
1 Päckchen Vanillezucker
40 g Grieß
40 g Butter
250 g Magerquark
500 g frische Erdbeeren
Zum Verzieren:
einige schöne Erdbeeren

Milch, Zucker und Vanillezucker in einem hohen, breiten Glas- oder Porzellangefäß gut verrühren und offen im Mikrowellenherd in etwa 6 Minuten bei *100* bis zum Kochpunkt erhitzen. Das Gefäß aus dem Herd nehmen und den Grieß in die heiße Milch einrühren. Wieder in den Herd stellen und in etwa 3 Minuten bei *100* kochen. Während dieser Zeit den Grießbrei zweimal umrühren. Auf *75* schalten und 3–4 Minuten garen lassen. Aus dem Herd nehmen, die Butter einrühren und die Masse kaltschlagen.
Den Quark darunterrühren und alles nochmals glattschlagen. Schichtweise mit den Erdbeeren in eine Schale füllen und mit den zurückgelassenen schönen Erdbeeren verzieren. Anstelle der Erdbeeren kann auch anderes Obst verwendet werden.

Gesamtgarzeit: etwa 12 Minuten

Grießsuppe mit Weintrauben

½ l Milch
4 EL Zucker
40 g Grieß
250 g blaue Weintrauben
20 g Butter

Milch und Zucker in einem hohen, breiten Gefäß aus Glas oder Porzellan gut verrühren und offen im Mikrowellenherd in etwa 6 Minuten bei *100* bis zum Kochpunkt erhitzen. Das Gefäß aus dem Herd nehmen und den Grieß in die heiße Milch einrühren. Wieder in den Herd stellen und in etwa 3 Minuten bei *100* kochen. Während dieser Zeit den Grießbrei zweimal durchrühren. Auf *75* schalten und 3–4 Minuten garen. Aus dem Herd nehmen und die in heißer Butter geschwenkten Weintrauben unterziehen. Die Speise in eine Glasschüssel füllen. Sie kann warm oder kalt gegessen werden.

Vorbereitung der Weintrauben: Trauben waschen, entkernen. Die Butter geschlossen im Mikrowellenherd in einer Glas- oder Porzellanschüssel ½ Minute bei *100* zerlaufen lassen. Weintrauben hineingeben und offen etwa 1–2 Minuten bei *75* kurz dünsten. Sie sollen nicht zerkochen.

Gesamtgarzeit: etwa 14 Minuten

Kompotte

Kompotte serviert man in Glas- oder Porzellanschüsseln, in speziellen Kompottellern oder in Portionsschälchen mit Untertellern. Das heißt also für die Mikrowellenköche: das Obst in ein und demselben Geschirr dünsten, auskühlen lassen und servieren. Die Zubereitung eines Kompottes ist wirklich so einfach wie es sich liest. Die meisten Früchte enthalten genügend Wasser, um im Mikrowellenherd im eigenen Saft zu garen. Sie bleiben daher aromatisch und zerfallen nicht. Es werden also nur Zucker und Geschmackszutaten zugegeben, manchmal in Form von etwas Alkohol für jene, die dies besonders lieben.

Die folgenden Rezepte sind für 4 Personen berechnet. Vermeiden Sie es, größere Mengen auf einmal zu garen, weil sich die Dünstzeit verlängern würde; die Folge wäre ein Geschmacks- und Vitaminverlust. Die Hälfte eines jeden Rezeptes verlangt auch nur die Hälfte der angegebenen Dünstzeit. Die Reifegrade der zahlreichen Obstsorten sind so unterschiedlich, daß eine präzise Zeitangabe für das Garen unmöglich ist.

Es würde zu weit führen, Ihnen zu den folgenden Kompotten alle Möglichkeiten aufzuzählen, wie man sie verbessern und verfeinern könnte, um daraus in Eile besondere kleine Nachspeisen zu zaubern. Hier nur einige Tips, wie Sie – je nach vorhandenen Zutaten mit etwas Fantasie solche Nachspeisen zubereiten können:

Heiße Schokoladensauce z. B. zu Äpfeln, Rhabarber, Aprikosen oder Kirschen.

Kalte Vanillesauce z. B. zu Äpfeln, Rhabarber, Kirschen, Ananas oder Kiwis.

Schokoladeneis z. B. zu Birnen, Pfirsichen, Kirschen, Aprikosen oder Ananas.

Vanilleeis z. B. zu Äpfeln, Pfirsichen, Aprikosen, Kirschen oder Kiwis.

Pistazien- oder Nußeis z. B. zu Pfirsichen, Aprikosen oder Kirschen.
Geschlagene oder flüssige Sahne, leicht gesüßt zu allen Obstarten.
Quark mit etwas Sahne oder Joghurt verrührt und leicht gesüßt z. B. zu Pfirsichen, Aprikosen, Ananas, Stachelbeeren oder Kiwis.

Rhabarberkompott

500 g Rhabarber

80–100 g Zucker mit 1 Msp Zimt vermischt

Rhabarber schälen, Stielende entfernen, evtl. zähe Haut abziehen und in 2–3 cm lange Stücke schneiden. Dicke Stengel der Länge nach teilen. Rhabarberstücke mit dem Zimtzucker vermischen und in einer passenden Schüssel oder in Portionsschälchen zugedeckt in den Mikrowellenherd stellen. Erst 3–6 Minuten bei *100*, dann 2–4 Minuten bei *50* garen. Das fertige Kompott umrühren und nach Bedarf nachzuckern.

Gesamtgarzeit: 5–10 Minuten

Apfelkompott

500 g Äpfel
2–3 EL Zucker
1 EL Zitronensaft

3–4 EL Weißwein oder Apfelsaft
1 Stückchen dünn abgeschälte Zitronenschale

Äpfel schälen und in Achtel teilen. In ein passendes Gefäß legen, mit Zucker bestreuen, mit Zitronensaft, Wein oder Apfelsaft (notfalls tut es auch Wasser) übergießen und die Zitronenschale beilegen. Im Mikrowellenherd zugedeckt erst 3–5 Minuten bei *100,* dann 2–4 Minuten bei *50* gar dünsten. Herausnehmen und die Zitronenschale entfernen.

Gesamtgarzeit: 5–9 Minuten

Kiwikompott

3–4 Kiwis
1–2 EL Puderzucker
1 EL Zitronensaft
3–4 EL Weißwein
4 Cocktailkirschen

Die Früchte schälen, in Scheiben schneiden und in Portionsschälchen verteilen. Leicht mit Zucker überstäuben, mit Zitronensaft beträufeln und mit Weißwein begießen. Im Mikrowellenherd zugedeckt 2–4 Minuten bei *100* dünsten. Vor dem Servieren jede Portion mit einer Cocktailkirsche bestücken.

Gesamtgarzeit: 2–4 Minuten

Ananaskompott

4 Scheiben frische Ananas
40 g Zucker
⅛ l Wasser
4 TL steifgeschlagene Sahne
4 Stückchen kandierter Ingwer

Zucker und Wasser im Mikrowellenherd in etwa 2–4 Minuten bei *100* kochen. Ananasscheiben auf Portionsteller legen und mit dem Zuckersirup übergießen. Etwa eine Stunde darin ziehen lassen. Während dieser Zeit die Ananasscheiben einmal wenden. Dann im Mikrowellenherd zugedeckt 2–4 Minuten bei *100* dünsten; herausnehmen, abkühlen lassen und in die Mitte jeder Ananasscheibe einen Tuff Schlagsahne, mit einem Stückchen Ingwer darauf, setzen.

Gesamtgarzeit: 4–8 Minuten

Feigenkompott

250 g frische Feigen
80 g Zucker
1 Päckchen Vanillezucker
¼ l Wasser
1 Schuß Kirschwasser

In einem hohen Glasgefäß Wasser mit Zucker und Vanillezucker im Mikrowellenherd in etwa 3–5 Minuten bei *100* zum Kochen bringen. Feigen schälen und in das kochende Zuckerwasser legen. Zugedeckt etwa 4–8 Minuten bei *100* durchkochen lassen. Nach dem Erkalten mit einem Schuß Kirschwasser verfeinern und servieren.

Gesamtgarzeit: 7–13 Minuten

Stachelbeerkompott

500 g unreife Stachelbeeren
125 g Zucker
abgeriebene Schale
½ Zitrone

Stachelbeeren putzen, kurz waschen und ohne Flüssigkeitszugabe, vermischt mit Zucker und Zitronenschale, in einer breiteren Glas- oder Porzellanschale zugedeckt erst 3–5 Minuten bei *100*, dann 2–3 Minuten bei *60* im Mikrowellenherd garen. Während dieser Zeit das Kompott ein- bis zweimal umrühren.

Gesamtgarzeit: 5–8 Minuten

Kirschkompott

500 g Kirschen
30–40 g Zucker
evtl. 1 Msp Zimt

Kirschen waschen, entstielen und entkernen. In einer passenden Schale mit dem Zucker, evtl. mit Zimtzucker vermischt, im Mikrowellenherd etwa 4–7 Minuten zugedeckt garen. Während dieser Zeit das Kompott ein- bis zweimal umrühren.

Gesamtgarzeit: 4–7 Minuten

Birnenkompott

500 g reife Birnen
50–70 g Zucker
¼ l Wasser
1 Stückchen Stangenzimt
2 Nelken

Zucker und Wasser verrühren und im Mikrowellenherd 3–5 Minuten bei *100* zu einem leichten Zuckersirup kochen. Darin die geschälten, entkernten Birnen, je nach Größe halbiert oder geviertelt, mit den Gewürzen zugedeckt 7–12 Minuten bei *75* im Mikrowellenherd garen. Dabei öfters mit Zuckersirup begießen.

Gesamtgarzeit: 10–17 Minuten

Apfelmus

500 g Äpfel
⅛ l Wasser, Zucker nach Bedarf
Zitronensaft
abgeriebene Zitronenschale
Zimt oder Ingwerpulver nach Wunsch zum Abschmecken

Äpfel waschen, Blüte und Stiel entfernen. Mit dem Kerngehäuse in Viertel oder Achtel teilen. Mit dem Wasser in eine Auflaufform geben und zugedeckt erst 3–5 Minuten bei *100*, dann 3–4 Minuten bei *50* im Mikrowellenherd garen. Durch ein Sieb streichen, mit Zucker und der gewünschten Geschmackszutat verbessern.

Gesamtgarzeit: 6–9 Minuten

Pfirsichkompott

2 große Pfirsiche
4 Mandeln
40 g Zucker
⅛ l Wasser

Zucker und Wasser verrühren und etwa 2–4 Minuten bei *100* im Mikrowellenherd zu einem leichten Zuckersirup kochen. Die Früchte kurz in heißes Wasser tauchen, schälen, halbieren und die Steine entfernen. Mit der Schnittfläche nach oben in Portionsschälchen legen. In jede Steinhöhlung eine Mandel geben, den Zuckersirup darüber verteilen, die Schälchen offen in den Mikrowellenherd stellen und 2–4 Minuten bei *100* erhitzen.

Gesamtgarzeit: 4–8 Minuten

Anmerkung:
Dieses Rezept kann auch auf 4 große Aprikosen angewendet werden.

Backen im Mikrowellenherd

Der Mikrowellenherd ist keine Backröhre im üblichen Sinn. So sehr er für Aufläufe und Puddinge geeignet ist, das Backen von speziellen Teigen bereitet Schwierigkeiten, d. h. es ist einfach nicht alles den Mikrowellen anzuvertrauen. Kuchen bekommen keine Kruste, mit einer Glasur oder reichlich mit Puderzucker bestreut, kann man ihnen nach dem Backen dennoch ein schönes Aussehen geben.
Die nachstehenden Rezepte habe ich alle mit bestem Gelingen ausprobiert. Wagen Sie neue Experimente, doch bedenken Sie dabei, daß Kuchenteige in kleinen Mengen besser gelingen!

Alle in den folgenden Rezepten angegebenen Zeitangaben hängen von der Ausgangstemperatur, der Beschaffenheit und der Menge der jeweiligen Speise ab. Sie können dadurch geringen Schwankungen unterliegen.

Grundregel bei Mengenveränderung:
Doppelte Menge - doppelte Zeit,
halbe Menge - halbe Zeit.

Einstellungstechnik je nach Gerät, Zeitenerklärung siehe Seite 16 ff., »Anweisungen und Regeln«.

Pizza

(1–2 Personen)

200 g fertiger Hefeteig
Zum Belag:
250 g geschälte, geviertelte Tomaten (oder gut abgetropft aus der Dose)
etwas Oregano
125 g in Streifen geschnittene Cervelatwurst oder in Streifen geschnittener Schinken
1 Päckchen (150–200 g) Mozarella

Bräunungsgeschirr mit Butter oder Öl bestreichen, den ausgerollten Teig darauf verteilen und nacheinander mit den angegebenen Zutaten belegen. In den Mikrowellenherd stellen und etwa 11–15 Minuten bei *50* garen.

Gesamtgarzeit: etwa 11–15 Minuten

Butterkuchen aus Hefeteig

250 g fertiger Hefeteig
80–100 g Butterflöckchen
100 g Zucker, mit 1 TL Zimt vermischt

Bräunungsgeschirr mit Butter ausstreichen, den ausgerollten Teig darauflegen. Butterflöckchen darüber verteilen und mit Zimtzucker bestreuen. In den Mikrowellenherd stellen und 10–14 Minuten bei *50* garen.

Gesamtgarzeit: 10–14 Minuten

Kirschschnitten mit Mandeln

100 g Butter oder Margarine
100 g Zucker
2 Eier
½ TL Zimt
1 Msp Nelkenpulver
125 g gemahlene Mandeln
4 EL Kuchen- oder Zwiebackbrösel, vermischt mit 1 Msp Backpulver
200 g (1 kleines Glas) entsteinte süße oder saure Kirschen

Butter oder Margarine, Zucker und Eier schaumig rühren, die Gewürze und Mandeln zugeben und zum Schluß die mit Backpulver vermischten Kuchen- oder Zwiebackbrösel einrühren. Eine viereckige Auflaufform (24 cm Durchmesser) ausbuttern und mit Bröseln bestreuen. Den Teig darin verteilen und die gut abgetropften Kirschen darauf anordnen. Die Form in den Mikrowellenherd stellen und offen etwa 11–16 Minuten bei *50* garen. Dann aus dem Herd nehmen und noch 10 Minuten zugedeckt stehen lassen.
In Schnitten zerteilen und entweder warm mit Vanillesauce oder kalt servieren. In diesem Fall die Schnitten mit ⅛ l steifgeschlagener Sahne verzieren.

Gesamtgarzeit: 11–16 Minuten

Zwetschgenpfanne mit Streusel

250 g tiefgefrorener Hefeteig
400 g entsteinte frische oder tiefgefrorene Zwetschgen

Für die Streusel:
80 g Mehl
40 g Zucker
1 Msp Zimt
40 g kalte Butter
Puderzucker

Den Hefeteig nach Vorschrift auftauen und den Boden einer gut gebutterten, flachen Auflaufform (rund oder eckig, etwa 24 cm Durchmesser) damit belegen. Darauf die frischen oder angetauten, halbierten Zwetschgen anordnen und die Streusel darüber verteilen. Dafür die angegebenen Zutaten miteinander abbröseln. Die Form offen in den Mikrowellenherd stellen und etwa 13–17 Minuten bei *50* garen. Das fertige Gebäck mit Puderzucker bestreuen.

Gesamtgarzeit: 13–17 Minuten

Apfelpfanne mit Hefeteig

250 g tiefgefrorener Hefeteig
400 g Äpfel
Zum Guß:
⅛ l Sahne
70 g Zucker
2 Eier
abgeriebene Schale ½ Zitrone oder
1 Päckchen Vanillezucker

Den Hefeteig nach Vorschrift auftauen und den Boden einer gut gebutterten, flachen Auflaufform (rund oder eckig, etwa 24 cm Durchmesser) damit belegen. Äpfel schälen, in Achtel schneiden und auf dem Teig anordnen. Für den Guß alle angegebenen Zutaten gut verquirlen und über die Äpfel gießen. Die Form in den Mikrowellenherd stellen und offen etwa 13–17 Minuten bei *50* garen.

Gesamtgarzeit: 13–17 Minuten

Kleiner Apfelkuchen

(2–3 Personen)

300 g in Achtel geteilte Äpfel
1 EL Rosinen
Zum Teig:
100 g Mehl, vermischt mit
1 Msp Backpulver
25 g Zucker
1 Eigelb
60 g Butter oder Margarine
1 Msp abgeriebene Zitronenschale
geröstete Haselnüsse oder Zimtzucker

Den Boden einer runden Form (etwa 16 cm Durchmesser) mit geradem Rand ausfetten und leicht mit Semmelbröseln bestreuen. Darauf die Apfelstücke von außen nach innen so verteilen, daß in der Mitte ein kleiner Platz frei bleibt und die Rosinen darüberstreuen. Aus allen angegebenen Zutaten einen mürben Teig kneten und ¼ Stunde kalt stellen. Dann zu einer passenden Platte ausrollen und auf die Äpfel legen. Den Kuchen offen in den Mikrowellenherd stellen und etwa 4–7 Minuten bei *100*, dann etwa 4–6 Minuten bei *50* garen. Den fertigen Kuchen aus dem Herd nehmen, noch 5 Minuten stehen lassen, dann auf eine Platte stürzen. Mit gerösteten Haselnüssen oder Zimtzucker bestreuen.
Der erkaltete Kuchen kann mit ⅛ l steifer Sahne verziert werden.

Gesamtgarzeit: 8–13 Minuten

Kleiner Birnenkuchen

(2–3 Personen)

300 g nicht überreife Birnen in passende Stücke geschnitten
1 EL geschälte, gehackte Mandeln
Zum Teig:
100 g Mehl, vermischt mit 1 Msp Backpulver
25 g Zucker
1 Eigelb
60 g Butter oder Margarine
je 1 Msp Zimt und Nelkenpulver
Zum Bestreuen:
geröstete Mandelblättchen

Den Boden einer runden Form (etwa 16 cm Durchmesser) mit geradem Rand ausfetten und leicht mit Semmelbröseln bestreuen. Darauf die Birnenstücke von außen nach innen so verteilen, daß in der Mitte ein kleiner Platz frei bleibt und die gehackten Mandeln darüberstreuen. Aus den oben angegebenen Zutaten einen mürben Teig bereiten und ¼ Stunde kalt stellen. Dann zu einer passenden Platte ausrollen und auf die Birnen legen. Den Kuchen offen in den Mikrowellenherd stellen und bei *100* etwa 4–7 Minuten, dann bei *50* etwa 4–6 Minuten garen. Den fertigen Kuchen aus dem Herd nehmen, noch 5 Minuten stehen lassen, auf eine Platte stürzen und mit Mandelblättchen bestreuen.
Der erkaltete Kuchen kann mit ⅛ l steifer Sahne verziert werden.

Gesamtgarzeit: 8–13 Minuten

Kleiner Aprikosenkuchen

(2–3 Personen)

Etwa 200 g nicht zu reife, entkernte, halbierte Aprikosen
Zum Teig:
100 g Mehl, vermischt mit 1 Msp Backpulver
25 g Zucker
1 Eigelb
60 g Butter oder Margarine
30 g geschälte, geriebene Mandeln

Den Boden einer runden Form (etwa 16 cm Durchmesser) mit geradem Rand ausfetten und leicht mit Semmelbrösel bestreuen. Darauf die Aprikosenhälften mit der Schnittfläche nach unten von außen nach innen anordnen. In der Mitte einen kleinen Platz frei lassen. Aus den angegebenen Zutaten einen mürben Teig bereiten und ¼ Stunde kalt stellen. Dann zu einer passenden Platte ausrollen und auf die Aprikosen legen. Den Kuchen offen in den Mikrowellenherd stellen und etwa 4–7 Minuten bei *100*, dann bei *50* etwa 4–7 Minuten garen. Aus dem Herd nehmen, noch 5 Minuten stehen lassen, dann auf eine Platte stürzen. Der erkaltete Kuchen kann mit ⅛ l steifer, leicht gesüßter Sahne verziert werden.

Gesamtgarzeit: 8–14 Minuten

Anmerkung:
Wer es wünscht, kann in jede Aprikosenhälfte 1 geschälte Mandel geben.

Hefegebäck gefüllt

300 g tiefgefrorener Hefeteig
3 TL Pflaumenmus
½ Eigelb mit 1 TL Milch verrührt

Den Hefeteig nach Vorschrift auftauen und in 6 gleich große Stücke teilen. Jedes Teigstück mit ½ TL Pflaumenmus füllen. Das Bräunungsgeschirr reichlich mit Butter ausstreichen, die Teigstücke so darin anordnen, daß in der Mitte ein Platz frei bleibt. Offen in den Mikrowellenherd stellen und etwa 6–8 Minuten bei *50* garen. Dann herausnehmen und mit Eigelb und Milch bestreichen.

Gesamtgarzeit: 6–8 Minuten

Hefebrot

500 g tiefgefrorener Hefeteig (süß oder salzig)
Puderzucker nach Wunsch

Den Hefeteig nach Vorschrift auftauen, in eine passende, reichlich gebutterte Glasform geben und nochmals kurz gehen lassen.
Offen im Mikrowellenherd etwa 20–25 Minuten bei *50* garen. Das fertige Hefebrot vor dem Stürzen 5 Minuten in der Form stehen lassen. Bei Bedarf mit Puderzucker bestreuen.

Gesamtgarzeit: 20–25 Minuten

Lukullus (Kalter Hund)

1 Paket Tortenkeks
Zur Fülle:
250 g Palmin
2 Eier
2 Tassen Zucker
1 Tasse Kakao
1 EL Kaffeepulver
Zum Überzug:
150 g Kuvertüre

Eine Kastenform mit Pergamentpapier auslegen und darauf Kekse anordnen. Das Palmin im Mikrowellenherd etwa 5–7 Minuten bei *50* schmelzen. Dann überkühlen lassen und nach und nach die übrigen Zutaten einrühren. Mit dieser Fülle die Kekse am Boden der Form bestreichen. Eine Schicht Kekse darüberlegen und weiter abwechselnd Fülle und Kekse einschichten. Mit Keksen abdecken. Über Nacht stehen lassen. Anderentags stürzen und mit Kuvertüre überziehen. Dafür die Kuvertüre zerbröckeln, in einem passenden Porzellan- oder Glasschüsselchen offen im Mikrowellenherd bei *50* etwa 3–4 Minuten schmelzen lassen.

Gesamtgarzeit: 5–7 Minuten

Luisen-Charlotte

50 Löffelbiskuits
Zur Creme:
250 g Schokolade
$\frac{1}{16}$ l Milch
180 g Butter
180 g Puderzucker
2 Eier
1 P. Vanillezucker
Zum Verzieren:
$\frac{1}{4}$ l geschlagene Sahne

Schokolade zerbröckeln und mit der Milch zugedeckt im Mikrowellenherd bei *50* in etwa 3 Minuten schmelzen. Aus dem Herd nehmen und 10 Minuten zugedeckt stehen lassen. Die Masse soll dicklich sein. Butter, Zucker, Eier und Vanillezucker sehr schaumig schlagen. Löffelweise die erkaltete Schokolade hinzufügen.

Eine Tortenform mit Pergamentpapier auslegen und den Boden mit Löffelbiskuits belegen. Die Creme lagenweise mit den Löffelbiskuits in die Form füllen, mit Löffelbiskuits abdecken. Die Speise mit Pergamentpapier belegen, leicht beschweren und mindestens 3 Stunden in den Kühlschrank stellen. Danach stürzen und mit Schlagsahne verzieren.

Gesamtgarzeit: etwa 3 Minuten

Pischinger-Torte

5 Karlsbader Oblaten
Zur Fülle:
100 g Butter
80 g Puderzucker
100 g Schokolade
2 Eigelb
Zur Glasur:
1 Päckchen (Fertigprodukt) Schokoladenüberzugsmasse

Für die Fülle zerbröckelte Schokolade etwa 3 Minuten bei *50* im Mikrowellenherd zerlaufen lassen. Butter und Zucker schaumig rühren und die Eigelb hinzufügen. Löffelweise mit der abgekühlten Schokolade verrühren. Mit dieser Creme die Oblaten zusammensetzen, auf die oberste ein Brettchen legen, leicht beschweren und am besten über Nacht kalt stellen. Am nächsten Tag glasieren. Dafür die Schokoladenüberzugsmasse im Mikrowellenherd bei mittlerer Leistungsstufe etwa 3–4 Minuten schmelzen lassen. Sofort über die Torte gießen.

Gesamtgarzeit: etwa 3 Minuten

Löffelbiskuit-Torte

35–40 Löffelbiskuits – die Menge richtet sich nach der Größe der Tortenform
Zum Beträufeln:
2–3 EL Cognac
Zur Creme:
⅛ l Milch
125 g geschälte, geriebene Mandeln
125 g Butter
100 g Puderzucker
1 Ei
2 Tropfen Bittermandelöl
Zum Verzieren:
⅜ l mit Vanillezucker leicht gesüßte, geschlagene Sahne

Mandeln mit ⅛ l Wasser (Zimmertemperatur) in den Mikrowellenherd stellen und zugedeckt 4–6 Minuten bei *50* erhitzen. Danach abziehen, abtrocknen, reiben oder im Mixer zerkleinern. Mandeln in die Milch einrühren und im Mikrowellenherd im geschlossenen Topf bei *100* etwa 3–3½ Minuten bis zum Kochpunkt erhitzen. Danach auskühlen lassen. Inzwischen Butter, Zucker und Ei schaumig rühren. Die erkalteten Mandeln löffelweise unter die Schaummasse rühren. Mit Bittermandelöl abschmecken. Eine passende Tortenform mit Pergamentpapier auslegen. Darauf etwa ⅓ der Löffelbiskuits anordnen, diese mit Cognac – man kann auch etwas starken schwarzen Kaffee nehmen – beträufeln und die Hälfte der Creme darüberstreichen. Mit dem zweiten Drittel Löffelbiskuits belegen, diese ebenfalls mit Cognac beträufeln und die restliche Creme darüberstreichen. Das Ganze mit Löffelbiskuits bedecken, mit restlichem Cognac beträufeln, mit einem Pergamentpapier bedecken, leicht beschweren und über Nacht stehen lassen. Vor Gebrauch die Torte stürzen, Papier entfernen, mit der steifen Sahne bestreichen und schön verzieren.

Gesamtgarzeit: 7–9½ Minuten

Tutti-Frutti-Sahne-Torte

250 g Biskuitstangen
etwas Rum
Zur Fülle und zum Verzieren:
½ l Milch
150 g Zucker
1 Päckchen Vanillesaucenpulver
3 Eigelb
6 Blatt weiße, eingeweichte, ausgedrückte Gelatine
½ l steifgeschlagene Sahne
½ l Dose Fruchtcocktail

Eine runde Platte mit einem Tortenpapier belegen. Den Ring einer Springform (22 cm Durchmesser) daraufstellen. Biskuits mit Rum tränken, halbieren und mit der Rundung nach oben in die innere Tortenwand stellen. Den Boden mit zerbröckelten Biskuits belegen. Milch, Zucker, Saucenpulver in einem hohen Gefäß verrühren, offen in den Mikrowellenherd stellen und 5–7 Minuten bei *100* bis zum Kochen erhitzen. Während dieser Zeit die Masse öfters durchschlagen. Aus dem Herd nehmen und in die noch heiße Creme nach und nach die Eigelb und die ausgedrückte Gelatine einschlagen. Die Masse kalt stellen und ab und zu durchschlagen. Wenn sie anfängt zu gelieren, die Hälfte der steifen Sahne und die abgetropften Früchte unterziehen. In den ausgelegten Tortenring die Creme schichtweise mit den restlichen Biskuits einfüllen. Die Torte in den Kühlschrank stellen, vor Gebrauch den Tortenring entfernen, mit Sahne und Früchten verzieren.

Gesamtgarzeit: 5–7 Minuten

Brioches

500 g fertiger Hefeteig

Zum Bestreichen:
1 Eigelb mit 1 EL Milch verrührt
etwa 18 Backförmchen

Gegangenen Hefeteig – es kann auch tiefgefrorener, aufgetauter sein – zu einer Rolle formen und diese in etwa 18 Teile schneiden. Von jedem Teil ca. ¼ abschneiden. Die größeren Stücke in die Förmchen drücken, jeweils eine Vertiefung machen. Mit verquirltem Eigelb bestreichen. Aus den kleinen Teilen ebenfalls Kugeln formen, in die Vertiefungen legen und bestreichen. Die Hälfte der Förmchen (mehrere haben meist nicht Platz) auf eine Backplatte oder auf ein Kunststofftablett setzen – sie dürfen sich nicht berühren – und in den Mikrowellenherd stellen. Erst 3 Minuten bei *50*, dann 5 Minuten bei *75* backen. Aus dem Herd nehmen und die zweite Portion backen.

Gesamtgarzeit: etwa 8 Minuten

Kirschtörtchen

60 g Butter oder Margarine
80 g Zucker
1 Ei
3 EL Milch
125 g Mehl mit 1 EL Backpulver vermischt
24 entkernte Kompottkirschen

Zum Garnieren:
⅛ l geschlagene Sahne
12 kandierte Kirschen
etwa 12 Backförmchen

Butter oder Margarine, Zucker und Ei schaumig rühren, abwechselnd das mit dem Backpulver vermischte Mehl und die

Milch einrühren. Kirschen gut abtropfen lassen. Den Teig in die Förmchen verteilen und in je ein Förmchen auf den Teig 2 Kirschen legen. Die Förmchen - ohne daß sie sich berühren - auf eine Backplatte oder ein Kunststofftablett setzen und in den Mikrowellenherd stellen. Etwa 9–10 Minuten bei 75 backen.
Die erkalteten Törtchen mit Schlagrahm verzieren und mit einer kandierten Kirsche krönen.

Gesamtgarzeit: 9–10 Minuten

Biskuittörtchen

2 Eier
3 EL warmes Wasser
80 g Zucker
abgeriebene Schale
½ ungespritzten Zitrone
75 g Weizenmehl
50 g Stärkemehl
1 TL Backpulver

Zum Beträufeln:
etwas Rum, einen anderen Alkohol oder Obstsaft
Zum Belegen:
beliebiges frisches Obst, z. B.: Erdbeeren, Mandarinenspalten oder Heidelbeeren usw.
Zum Verzieren:
⅛ l steifgeschlagene Sahne
etwa 18 Backförmchen

Eier und Wasser schaumig schlagen, den Zucker und die Zitronenschale beigeben und kurz weiter schlagen. Weizen- und Stärkemehl mit dem Backpulver vermischen und unter die Schaummasse ziehen. In jedes Förmchen 1 EL Teig geben, die Hälfte der Förmchen auf die Backplatte oder ein Kunststofftablett setzen und im Mikrowellenherd etwa 5 Minuten bei 75 backen. Danach die zweite Portion backen. Die fertigen Törtchen noch heiß mit der gewünschten Flüssigkeit tränken, mit Obst belegen und mit Schlagrahm verzieren.

Gesamtgarzeit: etwa 5 Minuten

Heiße Getränke mit und ohne Alkohol

(Alle Getränke sind, wenn nicht anders angegeben, für 1 Person berechnet.)

Es erinnert etwas an Zauberei, daß praktisch jedes Gefäß, aus dem Sie trinken möchten – ein Glas, die Tasse, der Becher (ausgenommen Gefäße aus Metall oder mit Metallverzierungen) – mit dem gewünschten Getränk im Mikrowellenherd offen erhitzt werden kann. Hat Ihr Trinkgefäß keinen Henkel, dann stellen Sie es einfach auf eine Untertasse, denn durch die erhitzte Flüssigkeit werden nur die Wände des Trinkgefäßes heiß. Die Dauer der Erhitzung ist nicht sekundengenau anzugeben.
Alle Zeitangaben hängen von der Ausgangstemperatur, der Beschaffenheit und der Menge des jeweiligen Getränkes ab. Es können dadurch geringe Schwankungen eintreten.

Grundregel bei Mengenveränderung:
Doppelte Menge – doppelte Zeit,
halbe Menge – halbe Zeit.

Geschirr:
Kannen, Gläser, Tassen und Becher aus Glas, Porzellan, feste Keramik.

Einstellungstechnik je nach Gerät, Zeitenerklärung siehe Seite 16 ff., »Anweisungen und Regeln«.

GETRÄNKE OHNE ALKOHOL

Milch

⅛ l Milch aus dem Kühlschrank in etwa 1–1½ Minuten bei *100* erhitzen.

Erhitzungszeit: 1–1½ Minuten

Kakao

$\frac{1}{8}$ l fertigen Kakao aus dem Kühlschrank in etwa 1–1½ Minuten bei *100* erhitzen.

Erhitzungszeit: 1–1½ Minuten

Kaffee

1 Normaltasse schon fertigen Kaffee in etwa ½–¾ Minuten bei *100* wieder erhitzen.

Erhitzungszeit: ½–¾ Minute

Tee

1 Teeglas mit Wasser in Zimmertemperatur zum Kochen bringen. Aus dem Mikrowellenherd nehmen und erst nach zwei Sekunden – sonst würde das Wasser übersprudeln – 1 Teebeutel in das Glas geben und je nach der gewünschten Teestärke darin ziehen lassen.

Erhitzungszeit: 1½–2½ Minuten

Muntermacher für müde Autofahrer

(2–3 Tassen)

¼ l Tee (Zubereitung s. oben)
Saft von je 2 Zitronen und Orangen
25 g Traubenzucker

Den fertigen Tee mit Zitronen- und Orangensaft und Traubenzucker gut vermischen. In 2–3 Tassen verteilen und im Mikrowellenherd in etwa ¾–2 Minuten bei *75* erhitzen.

Erhitzungszeit: ¾–2 Minuten

Kaffee- oder Tee-Orange

1 Portion Kaffee- oder Teepulver (Menge je nach gewünschter Stärke)
Zucker oder Süßstoff nach Geschmack
2 Orangenscheiben
1 Tasse Wasser
einige Tropfen Sahne oder Milch

In einer vorgewärmten Tasse Kaffee- oder Teepulver mit dem Zucker oder dem Süßstoff (flüssig oder pulverisiert) mischen, die Orangenscheiben darauflegen, die Tasse mit Wasser auffüllen und in etwa 1–2 Minuten bei *100* bis zum Kochpunkt erhitzen. Herausnehmen und mit Sahne oder Milch verfeinern.

Erhitzungszeit: 1–2 Minuten

Mocca einmal anders

(2 Personen)

1 gehäufter EL Zucker
½ Päckchen Vanillezucker
1 EL Kakao
1 TL Pulverkaffee
1 Prise Zimt
1 Tasse heißes Wasser
1 Tasse Milch
2 TL geschlagene Sahne

In einer Tasse Zucker, Vanillezucker, Kakao, Zimt und Pulverkaffee gut vermischen. Die Hälfte dieser Mischung in eine zweite Tasse füllen. Beide Tassen mit je ½ Tasse heißem Wasser aufgießen und verrühren. In den Mikrowellenherd stellen, in etwa 2½–3½ Minuten bei *100* zum Kochen bringen, aus dem Herd nehmen und mit Milch auffüllen. Zum Erhitzen nochmals ½–1 Minute bei *75* in den Mikrowellenherd stellen. Mit Schlagsahne garnieren und heiß servieren.

Erhitzungszeit: 3–4½ Minuten

Prickelnder Trunk

(6–8 Gläser)

1 TL Teepulver
5–6 Stück Würfelzucker, fest an einer Zitrone oder Orange abgerieben
knapp ⅛ l Wasser
Eiswürfel
1 Flasche Sprudelwasser
6–8 Zitronen- oder Orangenscheiben

Teepulver und Zuckerwürfel in eine Tasse geben und mit Wasser auffüllen. In den Mikrowellenhrd stellen und in etwa 1–2 Minuten bei *75* erhitzen, bis sich der Zucker gelöst hat. In eine Glaskanne reichlich Eiswürfel geben, den gezuckerten Tee darübergießen und mit Sprudelwasser auffüllen. An jedem Glasrand eine Scheibe Zitrone oder Orange anbringen und gleich servieren.

Erhitzungszeit: 1–2 Minuten

Variation:
Das Getränk anstelle des Sprudelwassers mit einer Flasche Sekt auffüllen.

Apfelglühwein, gewürzt

(5–6 Teegläser)

1 l Apfelsaft
100 g brauner Kandiszucker
1 Zimtstange
2–3 Nelken
je 1 Prise Piment und Muskat

Alle Zutaten in eine passende Glaskanne geben und langsam im Mikrowellenherd in etwa 7–10 Minuten bei *75* erhitzen. Heiß durch ein Sieb in Portionsgläser gießen.

Erhitzungszeit: 7–10 Minuten

Teepunsch

(6–8 Gläser)

5 TL Teepulver
150 g Zucker
Saft und abgeriebene Schale je 1 Zitrone und Orange
½ l heißes Wasser
¾ l Weißwein
⅛ l Rum

In einer passenden Glaskanne alle Zutaten bis auf den Rum gut vermischen. In den Mikrowellenherd stellen und in etwa 5–8 Minuten erhitzen, herausnehmen, den Rum unterrühren und heiß servieren.

Erhitzungszeit: 5–8 Minuten

Quasi ein Irischer Kaffee

1 gehäufter TL Kaffeepulver
1–2 TL Zucker
1–2 TL Arrak oder Rum
1 Tasse Wasser
1 EL kalte Schlagsahne

Alle Zutaten bis auf die Schlagsahne in ein Glas geben und im Mikrowellenherd etwa ¾–1½ Minuten bei 75 erhitzen. Herausnehmen, umrühren und mit der Schlagsahne krönen.

Erhitzungszeit: ¾–1½ Minuten

Tee nach französischer Art
(6–8 Gläser)

1 gestrichener TL Teepulver
150–200 g Zucker
Saft von je 2 Zitronen und Orangen
1 l heißes Wasser
¼ l Weinbrand
¼ l Rum
1 Msp frisch geriebene Muskatnuß
1 Prise Zimt

In einer passenden Glaskanne alle Zutaten mischen, in den Mikrowellenherd stellen und etwa 6–8 Minuten bei *100* erhitzen. Herausnehmen und sofort servieren.

Erhitzungszeit: 6–8 Minuten

Sherrypunsch
(3 Punschgläser)

¼ l Sherry
1 gestrichener TL Teepulver
¼ l heißes Wasser
dünn abgeschälte Schale ½ Zitrone
2 EL Zitronensaft
60 g weißer Kandiszucker
⅛ l Arrak

In eine passende Glaskanne alle Zutaten bis auf den Arrak geben, in den Mikrowellenherd stellen und etwa 4–7 Minuten bei *100* erhitzen. Herausnehmen, Zitronenschale entfernen und den Arrak zufügen. In Gläser verteilen und heiß servieren.

Erhitzungszeit: 4–7 Minuten

Eierbier

(2 Gläser)

½ l helles Bier
1 Stückchen Zitronenschale
1 Stückchen Zimtstange
2 Eigelb, verrührt mit
1 TL feinem Zucker und
gewürzt mit 1 Prise
Ingwerpulver

Das Bier mit der Zitronenschale und Zimtstange in einem Glaskrug im Mikrowellenherd in etwa 3–5 Minuten bei *100* erhitzen. Herausnehmen, die Zitronenschale und Zimtstange entfernen und die vorbereiteten Eigelb mit dem Schneebesen einschlagen. Das schäumende Getränk sofort servieren.

Erhitzungszeit: 3–5 Minuten

Milchgrog

(2 Becher)

¼ l Milch
¼ Vanillestange
⅛ l Arrak, in 2 Bechern
je 1 Eigelb mit 1 TL Puderzucker verrührt
Zum Bestreuen:
2 Msp Zimtzucker

Milch und Vanillestange in einer Porzellan- oder Keramikkanne im Mikrowellenherd in etwa 3–4 Minuten bei *100* zum Kochen bringen. Herausnehmen, Vanillestange entfernen und den im Mikrowellenherd bei *100* 25–30 Sekunden erhitzten Arrak zur Milch geben. Die Flüssigkeit unter Schlagen in den Bechern verteilen. Mit Zimtzucker bestreuen.

Erhitzungszeit: 3–4 Minuten

Glühwein

1 Glas Rotwein
2–3 Stück Würfelzucker
1 Nelke
1 Stückchen Zimtstange
1 dünne Zitronenscheibe

Außer der Zitronenscheibe alle Zutaten in ein hitzefestes Glas oder in ein Teeglas geben und im Mikrowellenherd in etwa 1½–2½ Minuten bei *100* erhitzen. Herausnehmen, umrühren und den Glühwein mit der Zitronenscheibe bedecken.

Erhitzungszeit: 1½–2½ Minuten

Das ideale Kochen durch die Verbindung der alten mit der neuen Garmethode

Wie am Anfang erwähnt, bedeutet der Mikrowellenherd die beste Kombination zu unseren traditionellen Herden. Voraussetzung dafür ist die richtige Planung eines Gerichtes oder eines ganzen Menüs. Sie sparen Zeit und Energie! Im Umgang mit dem Mikrowellenherd kommen auch die Sicherheit beim Kochen, die Freude und viele neue Einfälle.

Beispiele

Menü	*Mikrowellenherd*	*Traditioneller Herd*
Rinderrouladen Gedünsteter Reis	Rinderrouladen	Gedünsteter Reis
Gebratene Kalbshaxe – Warmer Kartoffelsalat	Gebratene Kalbshaxe	Warmer Kartoffelsalat
Sauerbraten Semmelknödel	Sauerbraten	Semmelknödel
Kalbsgulasch Butternudeln	Kalbsgulasch	Butternudeln
Lachsforelle mit Kräutersauce Salzkartoffeln	Lachsforelle Kräutersauce	Salzkartoffeln
Fleischpudding mit Tomatensauce	Fleischpudding	Tomatensauce

	Mikrowellenherd	*Traditioneller Herd*
Auftauen – Braten		
Großes Geflügel	nach Vorschrift auftauen	nach gewohntem Rezept braten
Garen – Überbacken		
Scheiterhaufen	garen	kurz überbacken
Garen – Grillen		
Grillhähnchen (aufgetaut)	vorgaren (zugedeckt)	kurz knusprig grillen
Anbraten – Garen		
Kleine Fleischstücke	fertiggaren	von beiden Seiten anbraten

Auftautabellen

FLEISCH

Art und Gewicht	*Anhaltspunkte für die Auftauzeiten*	
Rindfleisch 500 g	etwa 12 Minuten (oder 2 Min. bei *100* und 10 Min. bei *30*)	Einstellung *30*
	+ 25 Minuten Nachtauzeit	ohne Mikrowelle
kleine Rindfleischstücke 150–200 g	etwa 4–5 Minuten	Einstellung *30*
	+ 20 Minuten Nachtauzeit	ohne Mikrowelle
Kalbfleisch 500 g	etwa 10 Minuten	Einstellung *30*
	+ 25 Minuten Nachtauzeit	ohne Mikrowelle
kleine Kalbfleischstücke 150–200 g	etwa 4–5 Minuten	Einstellung *30*
	+ 20 Minuten Nachtauzeit	ohne Mikrowelle
Schweinefleisch 500 g	etwa 12 Minuten (oder 2 Min. bei *100* und 10 Min. bei *30*)	Einstellung *30*
	+ 25 Minuten Nachtauzeit	ohne Mikrowelle
kleine Schweinefleischstücke	etwa 4–5 Minuten	Einstellung *30*
	+ 20 Minuten Nachtauzeit	ohne Mikrowelle

Art und Gewicht	*Anhaltspunkte für die Auftauzeiten*	
Innereien 500 g	etwa 8–11 Minuten + 35 Minuten Nachtauzeit	Einstellung *30* ohne Mikrowelle
Hackfleisch 500 g	etwa 10–12 Minuten + 25 Minuten Nachtauzeit	Einstellung *30* ohne Mikrowelle
	GEFLÜGEL	
Hähnchen mit Innereien etwa 1000 g	etwa 25–30 Minuten + 25 Minuten Nachtauzeit nach der halben Auftauzeit die Keulen mit Alufolie bedecken	Einstellung *30* ohne Mikrowelle
Ente etwa 1500 g	etwa 15 Minuten (oder 5 Min. bei *100* und 10 Min. bei *30*) + 40 Minuten Nachtauzeit nach der halben Auftauzeit die Keulen mit Alufolie bedecken	Einstellung *30* ohne Mikrowelle

Art und Gewicht	*Anhaltspunkte für die Auftauzeiten*	
Pute etwa 3 kg	etwa 45 Minuten (oder 8 Min. bei *100* und 35 Min. bei *30*)	Einstellung *30*
	+ 1½ Stunden Nachtauzeit nach der halben Auftauzeit die Keulen mit Alufolie bedecken	ohne Mikrowelle
Gans etwa 5 kg	etwa 50 Minuten (oder 10 Min. bei *100* und 40 Min. bei *30*)	Einstellung *30*
	+2½ Stunden Nachtauzeit nach der halben Auftauzeit die Keulen mit Alufolie bedecken	ohne Mikrowelle

Art und Gewicht	*Anhaltspunkte für die Auftauzeiten*	
	WILD	
Rehrücken etwa 1 kg	etwa 20 Minuten (oder 5 Min. bei *100* und 15 Min. bei *30*)	Einstellung *30*
	+ 50 Minuten Nachtauzeit nach der Hälfte der Auftauzeit Randteile mit Alufolie bedecken	ohne Mikrowelle
Rehkeule etwa 3 kg	35–40 Minuten (oder 10 Min. bei *100* und 30 Min. bei *30*)	Einstellung *30*
	+ 1½–2 Stunden Nachtauzeit	ohne Mikrowelle
Hasenrücken 500–600 g	etwa 12 Minuten	Einstellung *30*
	+ 20 Minuten Nachtauzeit nach der Hälfte der Auftauzeit Randteile mit Alufolie bedecken	ohne Mikrowelle

Art und Gewicht	*Anhaltspunkte für die Auftauzeiten*	
Wildschweinbraten 500 g	etwa wie Schweinebraten	
Wildgeflügel 800–1000 g	etwa wie Hähnchen	

Anmerkung: Alle angegebenen Wildarten nach der Hälfte der Auftauzeit wenden.

FISCHE

1 Fisch im Ganzen etwa 500–600 g	etwa 12 Minuten + 30 Minuten Nachtauzeit Flossen und Schwanz mit Alufolie bedecken	Einstellung *30* ohne Mikrowelle
Fischfilet 300–400 g	etwa 6 Minuten + 25 Minuten Nachtauzeit	Einstellung *30* ohne Mikrowelle

Anmerkung: Fisch im Ganzen und Fischfilet nach der Hälfte der Auftauzeit wenden.

Art und Gewicht	*Anhaltspunkte für die Auftauzeiten*	
	GEMÜSE UND OBST	
Spargel 500 g	15–20 Minuten knapp mit Wasser bedeckt	Einstellung *30*
Blumenkohl 500 g	15–20 Minuten etwa $\frac{1}{8}$ l Wasser	Einstellung *30*
Karotten 500 g	14–19 Minuten knapp $\frac{1}{16}$ l Wasser	Einstellung *30*
Erbsen 450 g	13–17 Minuten etwa $\frac{1}{10}$ l Wasser	Einstellung *30*
Mischgemüse 450 g	13–17 Minuten etwa $\frac{1}{8}$ l Wasser	Einstellung *30*
Bohnen 300 g	12–15 Minuten etwa $\frac{1}{16}$ l Wasser	Einstellung *30*
Kohlrabi 300 g	13–18 Minuten etwa $\frac{1}{16}$ l Wasser	Einstellung *30*
Spinat 450 g	13–17 Minuten	Einstellung *30*

Art und Gewicht	*Anhaltspunkte für die Auftauzeiten*	
Schwarzwurzeln 500 g	15–20 Minuten knapp mit Wasser bedeckt	Einstellung *30*
Rotkohl 450 g	12–15 Minuten 2–3 EL Wasser	Einstellung *30*
Rosenkohl 500 g	8–12 Minuten etwa ⅛ l Wasser	Einstellung *30*
Lauch 300 g	4–6 Minuten 1–2 EL Wasser	Einstellung *30*
Beerenobst 500 g	7–8 Minuten + 15 Minuten Nachtauzeit Anmerkung: Himbeeren brauchen etwas weniger Zeit	Einstellung *30* ohne Mikrowelle
Steinobst, entkernt 500 g	8–11 Minuten + 15 Minuten Nachtauzeit	Einstellung *30* ohne Mikrowelle

Anmerkung: Alle Gemüse- und Obstsorten werden in geschlossenen Gefäßen aufgetaut. Spinat und alle Obstsorten nach der halben Auftauzeit umrühren.

Art und Gewicht	*Anhaltspunkte für die Auftauzeiten*	
	BACKWAREN	
Weißbrot	6–8 Minuten	Einstellung *100*
500 g	+ 12–15 Minuten Nachtauzeit	ohne Mikrowelle
Misch- oder Vollkornbrot	5–8 Minuten	Einstellung *30*
500 g	+ 20 Minuten Nachtauzeit	ohne Mikrowelle
1 Semmel (Brötchen)	1½–2½ Minuten	Einstellung *100*
50 g	+ 5 Minuten Nachtauzeit	ohne Mikrowelle
1 Scheibe Brot	½–1 Minute	Einstellung *30*
50–80 g	+ 2–3 Minuten Nachtauzeit	ohne Mikrowelle

Anmerkung: Ganze Brote nach der halben Auftauzeit im Mikrowellenherd wenden. Einzelne Brotscheiben während der Auftauzeit im Mikrowellenherd zudecken.

1 Kastenkuchen	8–10 Minuten	Einstellung *30*
etwa 500 g	+ 5–10 Minuten Nachtauzeit	ohne Mikrowelle
Obstkuchen	10–12 Minuten	Einstellung *30*
etwa 400 g	+ 15 Minuten Nachtauzeit	ohne Mikrowelle

Art und Gewicht	*Anhaltspunkte für die Auftauzeiten*	
1 Torte etwa 400 g	8–10 Minuten + 1½ Stunden Nachtauzeit	Einstellung *10* (Antauen) ohne Mikrowelle
1 Stück Torte 80–100 g	etwa 1½ Minuten + 15 Minuten Nachtauzeit	Einstellung *10* (Antauen) ohne Mikrowelle

Anmerkung: Diese Backwaren auf Tellern, nicht zugedeckt auftauen.

AUFTAUEN UND ERHITZEN

Art und Gewicht	*Anhaltspunkte für Auftauzeiten und Erhitzen*	
Butter 250 g	etwa 8 Minuten + 20 Minuten Nachtauzeit aus der Verpackung nehmen	Einstellung *10* ohne Mikrowelle
Sahne etwa ⅛ l	etwa 6–7 Minuten	Einstellung *10*

Art und Gewicht	*Anhaltspunkte für Auftauzeiten und Erhitzen*	
Quark 250 g	etwa 6–8 Minuten + 30 Minuten Nachtauzeit nach halber Auftauzeit Quark etwas teilen	Einstellung *15* ohne Mikrowelle
Tellergericht 1 Portion	9–12 Minuten, zugedeckt (oder 3 Min, bei *80* und 7 Min. bei *30*) nach halber Auftauzeit Fleisch wenden	Einstellung *30*
Fertiggerichte im Kochbeutel etwa 400 g	etwa 8–10 Minuten nach etwa 2 Minuten Beutel- inhalt in passendes Geschirr füllen und zugedeckt fertig- garen	*80*

Register nach Kapiteln geordnet

EINTOPFGERICHTE

KARTOFFELN UND KARTOFFELGERICHTE

TEIGWAREN, REIS UND ANDERE BEILAGEN

AUFLÄUFE UND PUDDINGE

DESSERTS

KOMPOTTE

BACKWAREN

HEISSE GETRÄNKE MIT UND OHNE ALKOHOL

Alphabetisches Register

G

H

M

N

O

P

Q

R

S

T